国家自然科学基金青年科学基金项目“我国可再生能源配额跨省份协同管理机制研究”（批准号：71804097）、山东省社会科学规划研究项目“山东省中小企业动能转换意愿与政府激励机制研究”（批准号：19CGLJ22）研究成果

企业绿色创新模式和制度研究

——生态文明视角

RESEARCH ON THE GREEN INNOVATION MODEL AND SYSTEM OF ENTERPRISE
— IN VIEW OF ECOLOGICAL CIVILIZATION

吕　君◎著

经济管理出版社
ECONOMY & MANAGEMENT PUBLISHING HOUSE

图书在版编目（CIP）数据

企业绿色创新模式和制度研究——生态文明视角/吕君著. —北京：经济管理出版社，2019.8

ISBN 978－7－5096－2252－0

Ⅰ. ①企… Ⅱ. ①吕… Ⅲ. ①企业创新—研究—中国 Ⅳ. ①F279.23②F832.51

中国版本图书馆 CIP 数据核字(2019)第 236511 号

组稿编辑：杜　菲
责任编辑：杜　菲
责任印制：黄章平
责任校对：陈　颖

出版发行：经济管理出版社
（北京市海淀区北蜂窝 8 号中雅大厦 A 座 11 层　100038）
网　　址：www. E－mp. com. cn
电　　话：（010）51915602
印　　刷：北京晨旭印刷厂
经　　销：新华书店
开　　本：720mm×1000mm/16
印　　张：14.75
字　　数：182 千字
版　　次：2019 年 8 月第 1 版　　2019 年 8 月第 1 次印刷
书　　号：ISBN 978－7－5096－2252－0
定　　价：78.00 元

前言

中华人民共和国成立70周年来，中国经济快速增长并一跃成为世界第二大经济体。经济发展的同时，我们也清醒地意识到粗放式的经济增长模式带来了异常严重的环境问题，人们在追逐经济效益的快车道上与生态保护背道而驰，甚至渐行渐远。面对日益凸显的能源危机和生态系统的退化，如何实现经济的绿色可持续增长成为当前亟待解决的问题。生态文明作为一种发展理念，早在党的十七大报告中就已经出现，并在党的十八大报告中处在更为突出的战略位置，成为"五位一体"总体发展布局下的重要内容。在党的十九大报告中，生态文明建设被赋予更深厚的内涵。习近平总书记不止一次地强调"加快生态文明体制改革，建设美丽中国""生态兴则文明兴，生态衰则文明衰"的社会主义生态发展观，生态文明建设的重要性在我国发展的当前上升到一定的高度，是中华民族永续发展的千年大计。

经济发展中，如何提升绿色生产效率直接关系产业绿色转型，绿色技术创新可以从根源上解决物质转化过程中带来的环境问题。在大力倡导生态文明建设的现代社会，绿色创新可以对环境污染从源头开始治理，实现废弃物的循环再利用，加快粗放型生产方式向集约型生产方式的转变。我国一直将科技创新放在国家发展规划的重要位置，并将“创新驱动”写进“十三五”规划中。在绿色创新战略过程的实施过程中，某些创新制度不利于对创新资源的配置，无法真正意义上为节能减排、低碳经济、绿色发展服务。

当前，我国的生态文明建设中仍然存在经济发展与资源环境不统一、不平衡的问题，资源匮乏和环境污染问题制约经济的可持续发展和绿色增长。能源环境问题受到各国学术界和政府的关注，通过制定合理有效的政策，形成规范的制度体系激励企业绿色技术创新是当前政府进行生态文明建设的重要举措。绿色创新与传统创新相比较，环保和知识溢出的外部性特征叠加，极容易导致企业的绿色创新意愿不足，无法实现创新行为，此时政府强制性或激励性的干预政策就显得十分必要。温室气候的低碳减排工作可视为公益事业，采取环境税、环境补贴或者碳交易等，会规避因市场失灵带来的问题。国内学者近期的研究也发现，环境规制对技术创新和创新效率等的影响，说明政府制度体系的设计是绿色创新的基本保障。在此基础上，在生态文明视角下探讨绿色创新的驱动因素及模式构建，乃至绿色创新制度体系的探索具有重要的意义。

企业作为社会生产活动的主体，关注经济效益、社会效益和环境效益的共创，并在生产过程中开展节能、降耗、治污的绿色创新活动，推动整个社会的绿色发展和生态文明建设是义不容辞的责任。本书以生态文明视角下企业的绿色创新展开研究。第一，在生态文明的视域下，通过分析自然生态失衡、环境严重污染、资源储存锐减等生态危机状况，阐述生态文明的产生、内涵和转型过程，并进一步探讨生态文明与绿色技术、绿色创新的关系。第二，从马克思、恩格斯的生态文明理论，到新时代中国特色社会主义思想指导下的生态文明建设理论，生态文明的绿色转向经历一个曲折的嬗变过程，通过对生态文明理论从哲学、价值和意义上的解读，阐述生态文明的绿色价值。第三，通过剖析不同理论指导下的企业异质性和竞争优势，揭示企业绿色创新的动力源及驱动因素，并从技术推动、市场拉动和环境规制三个动力因素着手，构建不同动力因素下绿色创新模式以及混合创新模式。第四，通过对生态危机进行相应的反思，结合发达经济体和发展中国家的绿色创新实践，从政策激励、现代市场、社会参与、文化提升、法律保障等层面提出我国构建绿色创新制度体系的新思路。

本书由笔者总撰定稿，写作期间得到许多人的指导和帮助。其中，王克山主要参与第一章和第四章的研究，于艺卿和袁嘉璇主要参与第二章和第五章的研究，张涵和郑玉姣主要参与第三章和第六章的研究。本书参考了大量相关研究，由于篇幅原因，书中仅列出主要参考文献，在此一并表示感谢。

由于笔者水平有限，编写时间仓促，书中错漏之处在所难免，敬请广大读者批评指正！

目　录

第一章　生态文明和绿色技术 …………………………… 001

一、生态危机 ………………………………………… 001

二、生态文明 ………………………………………… 011

三、绿色技术 ………………………………………… 024

第二章　生态文明理念的绿色转向 ……………………… 032

一、马克思的生态文明观 …………………………… 032

二、生态文明的嬗变 ………………………………… 035

三、生态文明的解读 ………………………………… 041

四、生态文明的绿色价值 …………………………… 050

第三章　生态文明视角下企业的绿色创新 …………… 055

一、企业的异质性和竞争优势 ……………………… 055

二、绿色创新的研究视角 …………………………… 068

三、绿色创新的定义和动力源 ……………………… 080

四、企业绿色创新的动力因素 ……………………… 087

第四章 生态文明视角下绿色创新模式 …………………… 102

一、企业创新模式 …………………………………… 102
二、技术推动绿色创新模式 ………………………… 107
三、市场拉动绿色创新模式 ………………………… 114
四、环境规制推动绿色创新模式 …………………… 118
五、混合创新模式 …………………………………… 127

第五章 生态问题反思和绿色创新实践 …………………… 134

一、生态问题的反思 ………………………………… 134
二、绿色创新实践 …………………………………… 144

第六章 生态文明视角下绿色创新制度体系的构建 ………… 176

一、绿色创新制度的内涵 …………………………… 176
二、绿色创新制度的阻滞及原因 …………………… 182
三、绿色创新制度的构建 …………………………… 187
四、绿色创新制度的内在关系及实现路径 ………… 195

参考文献 …………………………………………………… 213

第一章

生态文明和绿色技术

当前世界面临的问题依旧是生态环境的不断恶化和资源的进一步短缺，世界范围内生态环境保护依旧是个严肃的命题。人们在长期的发展过程中，工业化的繁荣在极大地改善人们生活、增强人们幸福感的同时，还导致自然生态环境出现不可逆转的破坏。当自然生态失衡、环境严重污染、资源储备锐减等生态危机出现时，人们开始对自己的行为进行反思，逐步认识和尊重自然规律，倡导人与自然、社会的和谐共生。企业作为社会生产活动的主体，更应该关注经济效益、社会效益和环境效益的共创，并在生产过程中实施节能、降耗、治污的绿色技术，推动整个社会的绿色发展和生态文明建设是义不容辞的责任。

一、生态危机

（一）生态危机的具体表现

生态危机的定义是这样的：人类在进行生产经营活动的时候

对自然资源进行无序盲目的开发利用，进而导致生态环境恶化，生态系统平衡被打破，最终危及人类自身的一种现象。自 18 世纪工业革命以来，人们广泛认同的是一种“依靠自己的资源”思维模式和发展模式，人们依据这种模式对自然资源进行肆意开采，带来的后果就是人类生存的自然环境遭到破坏，生态恶化。正如美国生物学家雷切尔·卡逊说的那样，最让人不敢相信的是人类对空气、河流和土地等赖以生存的环境的污染。当前出现的生态危机可以从以下几个方面进行阐述：

1. 全球气候变暖

作为自然生态系统的一部分，气候对人类生存发展有至关重要的作用。温室效应出现的原因就是人们在扩大生产的时候，大量使用产生 CO_2 的化石燃料，从而导致 CO_2 浓度不断升高，进一步加剧全球变暖的速度。根据统计资料显示，在过去的 130 年里，全球平均地表温度每年上升 0.8 ~ 5℃，1983 ~ 2016 年更是过去 1400 年中最热的 30 多年。全球气候的变化主要是平均气温和变暖趋势的变动。全球变暖的总趋势是稳定的，并不会因为某一时期的特殊寒冷事件而发生改变。根据 IPCC 的第五份评估报告可以得出，人类活动是过去 50 年气候发生变化的主要原因。

全球变暖现在已经上升为一个生态安全问题，必须得到足够的重视。全球变暖的影响有以下四个方面：第一，对极端天气事件的影响。20 世纪 50 年代以来，世界各地的热浪、强降水事件、局部洪水事件发生的强度和频率都在加强。当年侵袭美国的飓风造成 113 人罹难；英国的热浪危机导致 760 人死亡；菲律宾遭受台风的袭击，8000 多人失去生命。第二，对水资源的影响。世界某些地区出现的洪水频率和干旱时间等不同程度地受气候变暖的影响。第三，对陆地生态系统的影响。陆地生活的动物、植物对气候变暖做出的反应，它们的分布范围和季节性行为也随之发生变化。不仅如此，作为陆地主要生态系统的森林、草地、湿地、沙漠也正在发生一定程度的改变。第四，对人类健康的影响。人类社会对于天气和气候的变化是十分敏感的。首先，农业气候和农作物的种植等受到全球变暖的影响；其次，降雨数量和海平面的高度随气候变暖而发生变化，从而造成热浪伤亡，一些病毒和疾病的传播范围发生改变，粮食产量锐减；最后，气候变暖会使臭氧层遭到破坏，紫外线辐射强度增加，对人类和动植物产生不良的影响，多会引发皮肤癌、白内障等疾病，破坏人类的免疫系统，危害身体健康。

2. 环境严重污染

我国的环境污染问题在当下十分突出，且形势严峻。“垃圾靠坑，污水靠冲，雾霾靠风”是我国对待环境常用的思维处理模式。改革开放 40 多年来，环境问题逐渐凸显，这在发达国家近一两百年间也曾分阶段出现过。2016 年，由于我国部分地区出现较长时间的雾霾天气，空气质量达到了严重污染的程度，受到雾霾影响的人口高达 6 亿多，影响了 230 万 ~ 270 万平方公里的土地面积。二氧化硫的排放量高达 2044 万吨，严重超出环境承载的警戒线，给人类带来无法估计的损失。依据国家地表水治理监测部门的统计，其中Ⅴ级水质（水质较差，基本丧失水功能的水）占总体的 10.3%。在 62 个重点湖泊水库中，有 25 个水质较差。此外，地下水污染正在由条带向地表、浅层向深层、城市向外围进行扩展。土地整体质量不断下降，被污染过的农田进一步影响农产品的安全。受污染的区域，开始由城市转向农村，重金属污染、工业污染等环境污染问题频繁发生。

3. 生态系统退化

生态系统是一个典型的物种系统，彼此之间相互作用，并和周围环境进行联系。逐步退化的生态系统，随着土地荒漠化严重、水土流失增大、草地退化面积增加等问题的出现，为人类服务的功能正在减弱。生态系统结构简化、生物多样性减少，整个生态安全都受到威胁。土地沙漠化被称作地球的“癌症”，在一定程度上掩埋了文明，对人类的健康和生计都产生了不利的影响。

沙漠化的成因有以下三个方面：一是自然、社会、经济、政治、文化等各个因素综合作用的结果。其中不适当的人类活动，诸如过度开垦、乱砍滥伐、无序放牧和大规模矿石的开采等行为，是土地荒漠化的主要原因之一。二是草场退化，水土流失加剧了土地荒漠化。此外，世界范围内的热带雨林流失面积日趋严重。有专家预计，到2030年，世界上的热带雨林将会消失殆尽。三是生物的种类锐减，一些外来的不明有害物种的出现和入侵，给世界的生物资源带来极大的破坏。生物多样性包括生态系统的多样性、物种的多样性和基因的多样性，它不仅是人类生存和经济社会得以循环持续发展的基础，而且是生态安全和粮食安全的重要保障。目前世界上有25000种植物和1000种脊椎动物正在濒临灭绝，灭绝速度和数量是自恐龙灭绝以来最庞大的。生物多样性的减少、生态系统的简化均会打破生态系统的平衡。

（二）生态危机的特点

工业文明在发展的进程中虽然取得了丰硕的果实，但是也存在着一定的缺陷。人类对自然过度干预，违背了自然规律，在一定程度上超出其调节能力，严重破坏了生态平衡。

1. 生态危机的人为性

工业文明的显著特征是对自然的掠夺，它打破了生态平衡。恩格斯曾告诫过人类，不要陶醉对自然界的征服和掠夺，因为我们会在胜利后得到应有的报复。人类和自然是紧密相关的，对于自然施加的影响最终会反馈到人类自身。依据联合国政府间气候变化专门委员会的五份评估报告可以得出，人类活动会影响全球变暖和生态危机。其中第一份评估报告明确指出，温室气体的浓度增加主要是由于人类活动所排放的气体造成的，从而推动签订了《联合国气候变化框架公约》；依据第二份报告可以得出，人类对气候变化是可以进行有效识别的，这奠定了系统阐述公约最终目标的基础，促使《京都议定书》顺利通过；第三份评估报告提出，人类活动是过去 50 年气候变暖的主要原因（可能性超过 66%）；第四份评估报告提出，人类活动是过去 50 年气候变暖的主要因素的可能性超过 90%，这推动了“巴黎路线图”的制定；第五份评估报告指出这种可能性进一步加大。

2. 生态危机的潜伏性

美国著名海洋生物学家、现代环境运动的先行者蕾切尔·卡逊对潜在的生态危机进行了分析。他指出，当化学物质通过一定渠道进入农田、森林和花园以后，很长一段时间内都会停留在土壤中。这些化学物质一旦和阳光、空气进行接触，会产生一些能够杀死植物和牲畜的新物质。这些新的物质往往在生物的组织内部分布，随着人类对玉米、小麦等农作物的摄取，进入体内。生态危机具有很强的潜伏性，在短时间内人们对环境的感知比较弱，乐观地认为污染不易产生影响。但从长远的视角来看，在累积到一定程度以后，生态环境将会产生严重问题，当这种状况出现时才会引起人们的恐慌，这时人们只能被动地承担后果。当生态危机爆发时，人们才意识到努力建设的物质文明和自然环境的衰退相比较不值一提，美好的生活有赖于良好的生态环境。

3. 生态危机的全球性

作为全球性问题，生态危机不区分时间和地点，对人类产生巨大的威胁。首先，对人类生存发展产生巨大威胁的生态问题如极端天气、海平面上升、资源短缺等愈演愈烈。其次，西方资本主义国家对生态危机进行了转移。西方资本主义国家秉持着生态殖民主义的旗号，采用生态帝国主义的做法，将自己国内的生态危机通过全球资本化战略进行转嫁，掠夺发展中国家的资源。

资本主义国家采用一种过度消费和超前消费的生活方式，对资源进行过度消耗，这远远超出自然环境承载力。尹希成曾在著作《全球问题与中国》中提到，我们过往所遇到的生态危机仅仅存在于局部，我们的祖先可以通过一定的方式迁移和摆脱，而现代的生态危机弥漫全球，除了应对，无处可逃。随着人类逐步对生态危机加深认识，众多国家开始采取积极政策面对危机和挑战，如何应对生态危机已经成为国际运动，是一种潮流趋势。

（三）生态危机产生的根源

人们对生产能力孜孜不倦地追求来自工业革命，对自然资源进行充分利用以期达到满足日益增长的物质文化需求的目的。但是在此过程中人们忽视了自然规律，没有正确处理人与自然之间的关系，致使生态环境不断恶化。生态系统平衡被打破，最终引发生态危机。阿诺德·托因比曾经说过，个人和社会认为对自然资源进行开发是一项有意义的活动，因为在这个过程中可以把能量进行转换。借此，我们从以下几个方面剖析：

1. 技术异化引发生态危机

人类将技术作为一种得以生存的手段，但在追求技术的过程中出现了方向的缺失。在被“物化”的世界中人们更多的是享受征服的成果，享受着由此带来的快乐，忽略了自然。德国著名哲学家卡尔·雅斯贝斯对技术有着辩证的认知。他认为技术可以使人享受到一切可用的东西，一切接近自然的东西。此外，他还指出技术对自然环境具有破坏性，它会令人们远离自然，使人们的生活变得不再“自然”。德国化学家、技术哲学家汉斯·萨克塞曾经在《生态哲学》发声，我们当前的技术之路并非控制自然从而摆脱自然，而是通过毁坏生态环境和人类本身来达到自己的目的。因为技术进步导致的杀戮给环境带来毁灭性的破坏。因此，我们可以认为，技术的异化能够带来生态危机。

（1）技术异化理论。

第一，马克思技术异化理论。马克思对资本主义社会技术异化现象从人类、社会、自然三个层面进行辩证分析。他指出，劳动给予富人和工人不同的物质，将奇迹般的东西献给富人，却给予工人赤贫；将宫殿献给富人，却给工人创造了贫民窟。技术异化本质上还是人的劳动，人的具体实践才是消除技术异化的决定性因素，或者说，技术异化的本质特征是人的本性的变化。机器（技术）是在生产经营过程中被劳动者创造出来的，它原本是来自外部的力量，但是，却反过来奴役劳动者，从而形成技术异化。

第二，人文层面的技术异化。一些哲学家如胡塞尔、海德格尔等认为人类文明的堕落源自科技的发展。胡塞尔指出，脱离了现实的哲学，约束人类的理性退化，人们的精神更为空虚，从而得到技术异化是人性危机的一个重要方面。海德格尔则提出现代技术本质上是“座驾”的观点，人类把自己置于“座驾”之上，被异化过的现代技术指导，对自然环境进行肆意破坏，不断提高对物质利益的追求力度。

第三，社会层面的技术异化。有的学者在对社会影响因素进行分析后发现，技术对社会有一定的影响。以霍克海默为代表的哲学家均有研究。在《工具理性批判》·文中，霍克海默提出，现代的科学技术极大削弱了人们的生产积极性，降低了想象力和自我判断能力。马尔库塞在《单向度的人》一文中提出，伴随着科学技术的不断发展进步，人性逐步被压抑束缚，只追求物质而没有精神的人性，是一种“单向度的人”。而哈贝马斯更是承认科学技术取得的法律地位，他认为科学技术同人类的物质精神生活紧密联系，在价值观念、思维方式等方面可以产生重要影响，能够形成对社会问题较为透彻的理解。

第四，精神层面的技术异化。在这一层面，卢卡奇等西方马克思主义学派的学者进行了研究。在《历史与阶级意识》一文中，他们对“物化”这个概念进行了界定，在资本主义社会条件下，资本家对工人进行精神和肉体双重压榨，工人的劳动被物化为某种具体的商品，也就是说，在一定程度上技术的发展进步导致工人的自主权被剥夺。

（2）对技术异化所导致的生态危机的反思。科学技术作为一把“双刃剑”，它既可以成为人类社会发展的强大推动力，也会对人类经济社会的发展产生不利的影响。人们往往专注于科学技术为其带来的便利，对其负面影响的关注程度却较低。埃吕尔指出，每一项技术在被使用的过程中都会产生或多或少的副作用，它们的破坏性甚至可能会比在没有使用技术的条件下更大。巴里·康芒在研究中发现，科技的进步虽然是经济学的胜利，但却是生态学的失败。而中国学者赵建军认为，大型机器的产生使人们的生活、生产、工作方式都发生了转变，人们对技术过分崇拜，技术统治的思想背离初衷。技术就像一匹脱缰的野马，难以控制，整个社会都会在“技术的命令下”进行运作。此外，越来越多资源、环境和人口问题的产生，都是因为不合适、不恰当的技术的采用。技术一方面给人们带来了便利，另一方面使人们相互之间的交流和沟通越来越少。当然，技术问题还会带来其他问题的探讨，如克隆人的存在等。

2. 制度异化引发生态危机

美国著名学者约翰·贝拉米·福斯特在《生态危机与资本主义》一文中指出，“生态危机和遭受资本主义彼此之间是相互影响的，资本主义制度的主要目标是实现经济利润增长，往往会采取追加短期投资的方式盲目追求经济的快速增长，因而可能会牺牲环境和他人的利益，产生的后果是环境的快速衰退”。广大发展中国家发展和环境的矛盾也是存在的。发展中国家主要面临两大困境：第一是农业社会的工业化；第二是能源密集型工业生产的低效率。与此同时，他们还受到不公平贸易规则的限制，这在一定程度上会大量消耗原始生态资源，减少当地的环境资源存量。另外，环境问题具有明显的制度性特征，制度异化也会引发生态危机。西方生态学马克思主义学者认为，资本主义制度是生态危机爆发的主要原因，他们指出，资本主义制度本身具有反生态的特质。资本家的最终目的是实现利润最大化，从而追加生产投资，积累财富。因而有限的资源和无限膨胀的资本形成一对无法进行调和的矛盾。社会关系对社会和谐有一定的影响，而制度的产生可以促进社会关系的调节，从而使社会发展趋于稳定和谐。

此外，生态危机的产生很大一部分因素是制度上的危机，制度的失灵包括市场方面、社会机制方面，甚至是政治领域，都对生态文明的发展造成严重阻碍。制度的产生本身是来自对人们社会行为进行约束的需求，然而很多时候，制度并未发挥其本身的作用，而是浮于表面，对实际现实问题的解决并没有过多帮助。因此，更应该在制度制定时考虑其是否脱离现实情况、易于监守自盗等问题，努力推动制度朝着更加公平、民主、有实际作用的方向发展，避免因制度上的漏洞加速生态危机的恶化。

（四）生态危机的解决之路

1. 修正劳动理论

英国学者特德·本顿认为马克思劳动理论是存在漏洞的，其中对于劳动的转换能力的描写与事实并不相符，其并没有如此大的转换能力。因为在劳动的过程中可能受到非生产部分的影响，或者存在不可控制的外部条件、自然界间接造成的各种约束等制约因素。因此，马克思主义的这些思想价值观念也被人认为是对生产力盲目崇拜的普罗米修斯。同时，特德·本顿在某些方案上提出了相应的建议，他认为初始条件应从劳动资料中分离相应的背景条件，将这些背景条件下的相互关系纳入，也就此提出了一些方案上的修改建议。首先，应该把背景条件从劳动资料中分离出来，把其作为一种初始条件。其次，就像对待生态调节实践那样，有必要考虑这些背景条件和可持续生产间的相关性。最后，在开展劳动的过程中，不可避免地会受到生态自然的干扰，对背景条件或原料的持续存在和再生产等问题构成冲击。

2. 生态社会主义

詹姆斯·奥康纳在《自然的理由：生态学马克思主义研究》

一文中对“资本主义二重矛盾”和资本主义社会制度的反生态性进行了披露与批判。他提出采用社会主义形式对反生态的资本主义制度进行再度整合是有必要的。换言之，生态学马克思主义认为，资本主义制度和资本主义生产方式是“生产力和生产关系及生产条件矛盾”生态危机和“资本生产不足”经济危机产生的根源。他们提出，如果想进一步缓解资本主义国家出现的生态危机，应将生产关系调整到社会主义方向，并通过整合去促进社会中人与自然、社会的关系。

奥康纳认为，社会主义国家中，政府和计划制度是用来解决资本主义生产条件矛盾的有力工具。生产工具、劳动者和生态环境等生产要素在资本主义生产关系中经常被当作商品进行交换，它们是资本主义进行生产和再生产的必要条件，但生产方式上，不论是时间还是空间，并不是资本主义的生产方式，往往需要借助国家和国家资本调控力量去对生产的数量和生产时间与场所进行配置，从而促使矛盾的解决。

二、生态文明

（一）生态文明的产生

文明这个词有着漫长而久远的历史，最早被记载于我国先秦的历史文献上，但是当时的内涵与现在有些不同，其主要指“文采光明”和“文法相映”的意思。后来演变成人类社会的进步趋势，与“野蛮”一词对应。而在西方，文明的产生相对较晚，从近代之后才被人们广泛使用。当时人们大都认为文明指人类社会的理性发展，也可以指人类对大自然的影响和推动。虽然内涵不一样，但主要是作为“野蛮”的反义词来用的。当人类社会脱离愚昧，走向文明的时代，“文明”在经历各种生产方式的洗礼后，有了一定的历史积累，发展成为不断进步的文明时期。

从原始文明开始，人类的文明轨迹从农业文明发展到工业文明，并逐步走向生态文明。由于工业文明造成生态环境的不断恶化，出现了不可遏制生态危机，进而推动生态文明的萌发。而后在不断思考人与自然相处方式的同时，生态文明的精神内核逐渐形成和发展。随着生态保护运动的兴起，生态文明的影响范围不断扩大。

1. 工业文明与生态危机

无论在哪个时代，生产方式都离不开自然界的孕育，例如原始文明发展的渔猎采集以及农业文明的种植业。在这些生产方式下，人与自然界的关系相对和谐，并没有出现过多的矛盾对立。然而在工业时代，虽然社会生产力有了质的飞跃，但是在科学技术发展的需求下，人们片面地追求经济利益，过度开采资源，对自然界造成巨大的影响和破坏。

显而易见的是，科学技术虽然为人类社会的发展做出了巨大贡献，但是自然界却为此付出了惨痛的代价，严重威胁生态文明及环境秩序的平衡。海德格尔（1996）曾表示，与手工技术不同，现代技术并不是一个相对中性的词语，它的本质在于，一方面，人类不断征服自然，企图操控自然界，对其造成了严重的破坏；另一方面，社会上的一部分人对另一部分人进行操控，拉大人们之间的贫富差距，造成社会异化情况严重。与此同时，人类对于自然界的依赖逐渐减弱，相处方式趋向分离甚至是对立，产生了人类高于自然、统治自然甚至产生可以战胜自然的错觉。人们把赖以生存的自然环境和资源看作满足物质需要的利益工具，不断开采、肆意破坏。在以这样的工业文明价值观念作为主导思想的时代下，物欲主义不断扩散，对自然环境造成空前的破坏。从 20 世纪中期起，自然环境问题屡屡出现，从土地、森林到水资源都难以幸免。酸雨、全球变暖、海平面上升等各种生态问题愈演愈烈，难以控制。

人类在不断反思工业文明带来环境问题的过程中推动生态文明的产生，从而促进人们对工业文明的深刻反省和重新评判。

2. 传统工业文明模式之反思

人们一直愿意主动面对人与自然相处的问题，但以何种态度面对在一定程度上受生产能力的影响。自原始文明开始，人类和大自然之间的关系经历了一系列演变，从最开始的敬仰和恐惧，逐渐转为充分利用，最后发展成为不顾后果、任意侵占，经历了三种态度的转变。其中不计后果的破坏主要出现在工业文明时期，野蛮的改造自然生态导致环境大规模遭到破坏，产生的严重后果蔓延至全球。虽然生态问题渐渐成为人们关注的焦点，人们认识到了错误，但越来越多的科学家认为，全球生态环境恶化问题将成为人类生存的最大难题。在《绿色政治——全球的希望》一书中，卡普拉和斯普雷纳克写道，我们处于成熟的工业文明，但精神和生命却岌岌可危。此外，福格特（1981）也曾表示“繁衍和破坏已经让生态陷入了泥潭，人类想要避免走向毁灭，必须抛开仅顾当下的思想”。还有很多专家学者在看到生态危机的严重性之后，开始寻找解决危机的方法，从各种角度解读其中的秘密。在经过一系列研究后，发现核心危机在于人类的文化和价值观念。想要解决这一问题，必须理解自然对于人类生存不仅有经济价值，也有重要的非经济价值，只有对自然改观，才能重新找到和大自然互助互利的良好关系。人类需要放弃与自然作对的想法，与其和平友好共处，主动改变对大自然的态度，从敌对到保护，这是工业文明向生态文明过渡的必经之路，也是奠定生态文明发展的重要理念。

3. 生态保护运动之兴起

在意识到生态危机的严重性后，人们开始反思对环境的破坏行为，开始全球范围的生态保护运动，最早是在第二次世界大战时，由小部分先觉者带动产生，其中包括约翰·缪尔和吉福德·平切特等，最著名的就是当时的美国总统罗斯福。他们发起的环境保护运动，主要关注环境的破坏和恶劣的污染，但并没有形成相对统一的环保意识，其影响程度也相对较弱。运动的转折点产生于蕾切尔·卡逊出版的《寂静的春天》，书中的一些语句发人深省，引起了很大的波澜，她在书中指出，“我们在与鲜活的生命相处，它一样有兴盛和衰败，应该认真并尊重地对待这种力量，而非狂妄自大地侵略”。书中的辞藻直击人们内心深处，引发了读者的共鸣，成为转变人们思想的一把钥匙。如果没有这本书的出现，生态保护运动的兴起不知道要拖多久，是她的声音打断了工业文明的虚幻之梦，人们开始面对现实做出行动。

1960 年，在工业文明出现环境恶化后，美国等西方国家率先开始批判与反思，在 20 世纪 60 年代末期逐渐形成环保的新潮流，以集会、游行等方式发出环保的声音，引发了更多人的关注和行动。1970 年，美国出现了一场规模空前的环境保护运动，为环保事业发声，在 4 月 22 日这一天，有将近 2000 万人走上美国街头，表达了保护环境的诉求，引发了广泛的关注。此后，政府也做出回应，出台了相关的环保法规，在一定程度上推进了环保事业的发展，其影响蔓延至今。这一运动的另一个影响就是1972年开展的联合国环保会议，为了纪念这一环保历史的转折点，联合国将其定为地球日。在这之后，生态保护运动在全球范围开始快速推进，各国纷纷推动相应环保事业的发展，建立了各地的生态保护组织，例如加拿大于1971年成立的“不以举手表决委员会”，法国和英国等西欧国家主导建立的保护生态青年组织等。

随着生态保护运动的不断发展，其范围不仅局限于环境的领域，还逐渐扩展到政治、经济等领域。20世纪70年代，欧洲诞生了第一个绿色政党，直至今日其仍然在环保、卫生方面发挥着重要的作用。除了欧洲，还有澳洲、非洲和亚洲等地也存在绿色政党组织。随着这一组织的不断壮大，其政治地位不断上升，不仅推动了环保在政治上的发展，还推动了生态保护的常态化。在经济社会中，出现了循环经济理论，以自然生态系统的模拟作为基础，加入了物质能源流动的研究。在文化方面，出现了大量的新兴人文科学研究，例如生态文学和生态美学等。

综上所述，在经历了工业文明造成的全球范围的生态危机之后，人们开始对以前的固有思想进行批判反思，逐渐从生态的对立面转变为和谐共处，环境保护运动兴起，并在政治、经济、文化领域扩散开来。

（二）生态文明的内涵

生态文明具体的内涵包括很多方面，最基础的字面解读就是把生态与文明拆开来看。

首先，对生态一词的解读，不同学者的观点并不统一。这一词语最早产生于古希腊，原意是指家，即人们的住所或者栖息的地方，是从单独个体层面进行解读的；进一步来说，就是指一切生物赖以生存的状态和环境，以及生物之间的联系。动物学家赫克尔（E. H. Haeckel）最早在书中解释生态的含义，他认为生态可以理解为生物和环境之间相互影响的关系。在《现代汉语词典》中，生态的含义是指生物生存和发展的状态，也可以指生物的生活习性以及特性。此外，从生态学的角度看，生态就是生态系统，是在一定时间、空间内，生物内部以及生物与环境间的作用和影响，在物质、能力、信息等的作用下，形成一个不能分离的自然整体。现代社会不断发展，时代不断进步，生态的含义日益丰富，其渗透的领域也日趋广泛。

其次，在历史的长河中，文明被赋予更深层的内涵，许多思想家和学者都有自己的观点。《易经》最早提出文明一词，而在现代社会中其最主要含义指社会的进步形态。也有人认为，文明这个词产生于拉丁文“civis”，即指城邦，意思是社会和文化不断发展进步的过程及状态。也有人把其定义为人类发展收获的结果，是人类通过不断努力和改造达到的物质与精神上的整体，标志着人类迈向更先进的阶段。以上各种定义从不同方面解读了文明的具体含义，其中大多数认可文明代表着先进的、前进的，是野蛮的对立面。总的来说，文明是人类经过长久的历史，创造出的所有的精神上、物质上的财富总称，是社会发展到一定程度才产生的现象。

20 世纪 80 年代，苏联最早提出生态文明这一概念，随后中国开始大力倡导，努力推动其发展，并发起关于这一话题的正式讨论，推动了生态文明的进一步发展，西方也随之加入讨论当中。2007 年，党的十七大报告上提出了建设生态文明的方向，并在党的十八大报告上继续加强推广力度，为推动生态文明的演进和发展做出了贡献。

生态文明的含义更为广泛，专家学者的解读也大有不同，有的学者表示生态文明史协调了经济与环境之间的关系，组合起来推动了人与自然和谐相处的新文明的诞生（杨帆，2013）。也有学者认为，“生态文明，是指人类遵循人、自然、社会和谐发展这一客观规律而取得的物质和精神成果的总和。”此外，还有学者认为，生态文明是人类通过自觉地将社会经济活动融入生物系统进行良好的循环运动，其本质是实现人与自然之间、人与人之间达到双重和谐，从而实现人的自由发展以及自然、经济和社会的可持续发展。

因此，换个角度看待生态文明，得到的结果也有不同。但是从其本质上来看，在核心内容观点上有许多相同之处，即生态文明作为一种社会发展的状态，调节了人类内部以及与环境之间的关系，拒绝恶意破坏和平共处，构成和谐的自然生态环境。

生态文明是在尊重自然和社会规律的基础上形成的，同时也符合人类、自然、社会三者间和谐有序发展的基本要求，以此建立起健康有序的生态环境。不断发展的社会实践奠定了生态文明产生的基础，而人类通过社会实践所得到具体的先进文明成果则构成生态文明的主要内容。它是人类社会发展到一定阶段必须认真面对和挑战的新观念，也是推动人类社会朝着更长远的未来和更先进文明发展的必经之路，是文明生态化的表现。

（三）生态文明的转型

美国知名学者杰里米·里夫金曾指出，当今世界工业文明已经进入停滞期，化石燃料的过度使用导致生态和环境的破坏以及化石燃料的枯竭。下一步，人类该如何抉择，生态文明便是其最后的选择，那么究竟什么才是生态文明呢？主流观点认为，生态文明是当前人类遵循人、自然、社会和谐发展这一客观规律而取得的物质与精神成果的总和，是指人类基本的道德文化——能够在社会和自然之间建立桥梁，从而互助互利，共同进步。生态文明最本质的内容为人类自觉遵循自然规律、自觉保护生态环境、减少资源消耗和浪费，真正实现可持续发展的最终目标。发展生态文明已经成为当今人类应当共同努力的方向，生态文明发展的状况直接关系到我们当前的生存环境和生活方式，对后代具有更加深远的影响。

1. 生态文明是人类文明转型的必然产物

在人类过往的生活历史进程中，我们的文明经历了原始文明—农业文明—工业文明的三重进化。生态文明作为一种更加具有前瞻性和进步性的人类生存方式，也被称为后工业文明。生态文明是当前人类必须经历的一个阶段，我们一定要未雨绸缪。

首先，生态文明作为工业文明之后催生的一种新的历史进程，是我们对前三种文明进行深刻剖析之后，做出的又一历史性抉择，是对前三种文明的一种扬弃，是历史发展的必然，不能否定工业文明确实给我们的生活带来了翻天覆地的变化，但是随之而来的环境污染问题也给我们带来了诸多困扰。随着我国国力的不断增强，国际影响力不断提高，我们不能再像发达国家之前那样修修补补、以邻为壑。只能寻求一种更加有效、更加先进的生态处置办法，那就是生态文明。这是我国国民智慧的结晶，也是对当前工业文明善后的一种救赎行为。

其次，从发展方面来看，人类社会的重大进步在生态文明的提出中得以体现。在人与自然和谐发展的基础之上，生态文明蕴含重要内涵，指明了当前生产力发展的方向，对于我国产业结构的调整和升级以及工业文明的进一步完善和发展提供了一个更加广阔的平台。除了生产力之外，生态文明在推进政治体制改革方面也提供了新的机遇，随着当前国民环保意识的提高以及生产技术的不断提高，生态文明也必然会进一步发展，推动社会的进步。

在内涵方面，生态文明也具有三种新形式，主要包括自然、社会和人文三种形式的生态文明，是三方面精神的重要体现，是三方价值观的和谐。生态文明建设的核心是人与自然的和谐；核心理念是人与社会的和谐；终极方向是人的生命本体。

党的十八大报告指出，我国当前很长一段时间之内，要着力推进绿色发展，争取早日建成社会主义生态文明，并争取在节能减排、环境治理方面有更大的突破。实现人类文明的最高形式是在新时代习近平中国特色社会主义思想的引领下，坚持中国特色生态文明建设。

2. 中国梦和全新的文明形态

我们回顾历史不难发现，一系列文明的更迭与发展对于社会的进步产生了非常深远的影响，在政治和经济方面尤为突出。国家能否进步很大程度上取决于是否能够顺应历史的发展潮流，当前，生态文明建设便是新的历史发展潮流。站在这样一个新起点之上，我们一定要抓住机会，加快我国的生态文明建设，争取早日实现中华民族伟大复兴的中国梦。

（1）文化文明生态支撑体系。当前，人与自然的关系在急剧恶化，各方面问题也日益突出。随着矛盾的日益尖锐，生态文明建设必然要被放在一个更加重要的位置，只有这样我们才能够真正实现可持续发展的最终目标，真正使文化文明成为一种科学。

人类文化的本质是对环境的适应，可以说人类是兼有生物性和社会性的。英国历史学家阿诺德·汤因此认为，整个世界的历史就是由一系列文化发展过程组成的，亦可称之为“文明”。他指出，起源、成长、衰落、解体和灭亡是文明发展的五个阶段，人类的文明史就是对各种不确定因素的挑战。适度的、成功的挑战不仅可以激发目标，还能够汇聚更大力量去迎接新的挑战，并能够不断走向成功，进而走向无限。

文明作为社会和生态对文化适应的过程，主要是地理、时间和空间三种文化方面结合之后的过程。不同方面与文化结合之后会产生完全不同的结果，并且会形成全新的生态系统。在这样一个复杂的环境之中，人们要学会不断地适应并争取达到平衡。

人与环境之间本就在不断地碰撞与进化。一方面，人类能够通过改造周围的环境以方便自身的需求；另一方面，人类也要利用文化以满足自身的需要，就在人类不断变化的同时，生态环境也在不断地变化。当然随着人类越来越适应环境的变化，人类文化最终也得到不断进化。但是，在此过程中文化的发展如果与环境的进步没有做到同步或者某一方面落后，那么环境与文化便不能够相互适应，从而导致文化的退化和文明的衰落。

（2）生态文明是人类全新的文明形态。它能够解决当前我们所面对的危机。工业文明以来，环境问题日益突出，各种自然灾害和极端天气不断出现，地球生态越来越面对更加严峻的挑战。

在我们深入研究之后不难发现，这一系列自然危机的背后大多数都与我们人类的活动有关。人类活动在推动文明进步的同时也在一步步将文明推向毁灭的边缘。我们在过度索取的同时却很少考虑自然恢复，之后，便会造成自然生态系统的过度透支，造成巨大的生态赤字。

随着社会的不断发展和人类文明的不断进步，我们越来越认识到生态文明的重要性。将生态文明落实到具体行动当中去，利用当前我们可以运用的资源，与科学技术相结合，进一步推动人与自然的和谐发展。步入生态文明之后，经济的发展将不再是唯一追求，我们将会更加注重生态的保护，经济、社会与发展之间将会达到一种平衡，进而演化出新的生态体系和经济增长点，将会从根本上改变劳动方式。到那时，资源利用会更加高效，我们的危机也会迎刃而解。

当然，生态文明是对原有工业文明的一种革故鼎新。生态文明的产生从根本上来说是由于工业文明阶段还存在着诸多的缺陷，而这些缺陷阻碍了经济和社会的进一步发展。工业文明时期的方法由于自身的缺陷，并不能从根本上解决问题，当我们面对诸多危机时，不得不寻找一种全新的方式来解决。文明才是根本，文明不发生变化，其他一切都只是徒劳。要推动文明的变革，生态文明的建设给了我们这样一种全新的思路。只有这样我们才能从根本上解决危机。

另外，生态文明的建设并不是一蹴而就的，需要我们对工业文明所产生的一系列问题进行深刻的反思和总结，了解工业革命病因之后我们才能够做到对症下药。我们需要建立的是一种全新的、更符合人类和自然规律的“大自然观”，我们在坚持以人为本的基础之上，要把不侵犯后代利益和可持续发展放在首位，从而建立一种和谐的价值观，在此基础之上建立一种适度消费的全新的生活方式，只有这样我们才能真正从根本上做到人与自然可持续发展，真正实现生态文明。

当然，生态文明不只是改变人们的生产和生活方式，其最重要的意义在于能够从根本上改变我们当前所认同的价值观，因此，这是一场价值观的革命。正是由于其本身对于价值观具有深刻的影响，所以其影响力将会更加深远。也正是基于此，生态文明建设比其他方面具有更加重要的意义。

（3）现代文明的五位一体。多年来，我们把经济建设、政治建设、文化建设三位一体作为建设中国特色社会主义的总布局。随着时代进步，我们的认识和实践不断深入，党明确提出了构建社会主义和谐社会和推进社会建设的战略任务，因此把整体布局的建设中国特色社会主义经济建设、政治建设、文化建设的三位一体延伸到经济建设、政治建设、文化建设、社会建设的四位一体。

但是随着对生态文明的进一步了解，我们党在报告中将中国特色社会主义建设的总体布局做出进一步发展，由四位一体的部署进一步发展到包括经济、政治、文化、社会和生态文明建设的五位一体，以后在具体落实当中一定要注意与具体现实相结合。

建立生态文明，有必要建立一个系统的、完整的生态文明制度，实施最严格的来源保护系统，建立损害赔偿制度和问责制度，提高环境治理和生态修复系统，在制度的加持下保护生态环境；大力推进生态文明体制改革，形成人与自然和谐发展的现代化新格局，现代文明呈现出新的面貌。

当前我国人民和政府都迫切需要建设社会主义生态文明，其背后有多方面的原因，其中特别重要的一点就是我国的生态问题已经到了不得不改的地步，面对如此沉重的环境压力本就已经捉襟见肘，还要注重经济的增长，更要注重大国形象这一系列压力，要求我们必须将生态文明建设提高到基本国策的高度。面对当前这样一个全新的时代，生态文明建设是我们摆脱环境危机和经济压力的必然选择。生态文明建设作为五位一体总体布局中的关键一环，对于推动中国特色社会主义现代化建设以及实现中华民族的伟大复兴具有重要的现实意义，因此，我们要将其放在更加突出的位置。经济能否得到长远的发展，关键在于生态环境能否发展得好，因此生态文明建设对于经济发展同样具有更加深远的影响。同时，做好生态文明建设还有助于社会主义法制建设，推进我国的社会主义法治进程，只有这样才能更好地做到保护人民的合法权益。

3. 生态文明转型的制约因素

（1）观念落后的限制。当前，生态危机产生的一个非常大的原因在于我们的生态观念还比较落后，长期的金钱至上思想使得我们始终将其他各方面置于身后，用经济衡量一切。从物质观念产生以后，人们的占有欲越来越强，当前生态保护的观念已经越来越薄弱，我们一直以来推崇的 GDP 思想看起来与我们的想法渐行渐远。原本大自然对我们的恩赐，取而代之的是恶劣环境和恶劣天气。正是由于我们的错误观念，人类社会正一步一步走向灭亡。

（2）能源资源制约。虽然我国是一个能源大国，但是人均能源数量却非常的有限。当前，我国人口众多且资源消耗巨大，所以能源压力不断增大。再加上我国当前以煤为主的能源结构不甚合理，更进一步加剧了我国的环境压力。同时，我国还面临着水污染、土地污染等各方面的环境污染压力，使得当前我国的生态环境已相当脆弱，所以我们要认识到这一系列能源与环境压力。只有加快生态文明建设，才能有机会改变这样一种现状。

（3）传统技术制约。制约我国生态文明转型的因素中，“技术瓶颈”已变得不可忽视。以应用的经济指标为重心的传统技术，对环境和能源消耗指标缺乏足够的重视。传统技术是单方向的，它们以“资源—生产—产品—消费—废物—排放”为运行方向，没有逆向回收的过程。“三高”——高消耗、高排放、高污染的传统技术在消耗大量资源的同时对环境造成极大的破坏，严重打破了大自然的生态平衡，并带来环境灾害的多发。

三、绿色技术

从20世纪90年代开始，绿色技术（Green Technology）悄然兴起，广泛应用于各个领域，并逐步成为一个流行术语。

遵循以人为本的绿色技术发展道路，不仅从政治、经济、文化等效益出发，更是满足人民群众不断增强的物质需要。环境污染带来的环境贫困、自然灾害影响经济发展都是当前我国绿色发展中面临的主要问题，如果不能有效应对，绿色发展只能是空中楼阁。

制约我国绿色发展的主要原因是科技和管理水平的滞后。绿色发展不是独立的利益，是经济、社会和生态利益的共赢。在针对全球气候变暖的问题上，生态文明建设得到越来越多国家和地区的认可，同时也为绿色创新的开展提供了良好的机遇。绿色技术可以促进生态文明的发展，而生态文明建设同样可以促进绿色技术的研发。

（一）绿色技术的产生与发展

1. 绿色技术的产生

工业文明在带给人类众多成果的同时，也赋予了人类成果的附属品——环境污染。这种情况如果不能及时解决，环境恶化到一定的程度就会形成生态危机，人类要因自己对自然的破坏而承受来自自然的惩罚。绿色技术的提出一方面体现了技术的两面性；另一方面体现了人类开始反思技术发展引起的生态危机。在科技推动人类文明快速发展的同时，人类赖以生存和发展的环境也遭到了前所未有的破坏。白色污染、臭氧效应、大气污染、温室效应等众多环境问题逐一出现，尤其是化工技术在生存过程中的应用，更是让人们将污染的帽子戴在了化学品的头上，认为有化学的地方就存在着污染。但是，这样的观点有失偏颇，更是遭到了化学家们的反对，于是化学家们展开研究，在证明观点错误的同时还形成了“绿色技术”的概念雏形。

1991 年，美国化学家 Trost 在《科学》（*Science*）杂志上发表论文，第一次提出“原子经济性”；1992 年，荷兰有机化学家 Sheldon提出了“E－因子”。后来的学者在此基础上展开研究，形成了能够充分进行资源利用但又无污染的绿色化学，也就是利用化学的相关知识和技术做到污染源头的污染防治。当然，这种乌托邦式概念难以在现实生活实践中实现，现实中既不存在零排放的原子经济，也没有指导意义，从而让人们对此概念产生了疑惑。

2. 绿色技术的概念

在对绿色技术进行概念界定时，其内涵随经济的发展而表现出不同的要求。结合当前的研究，绿色技术主要有以下内涵解释：绿色技术是在绿色意识的指导下，经过长时间的积累形成的一种科学工程技术，包含清洁生产—末端治理过程中的绿色生产工艺设计、绿色产品开发、绿色材料使用、绿色能源开发利用等针对环境污染防治及治理的技术，最大限度地降低资源消耗、降低环境污染是其主要目的。因此，绿色技术可以促进人和自然的和谐共生，降低或者消除科技带来的环境问题，从而实现绿色发展和技术进步的同时进行。

当前，3D 打印、物联网、生物工程技术和生态修复技术等绿色技术有了快速发展，并取得了不可小觑的成果。

3. 绿色技术的发展

绿色技术的发展体现在科技界一系列活动和项目启动上。在科教兴国和可持续发展的双指引下，绿色化学与技术活动于 1995 年由中科院化学部组织进行，并在污染治理策略上提出了七条建议；1997 年，“环境友好石油化工催化化学与化学反应工程”基础项目启动，由三所高校及化工信息中心承担的国家自然科学项目——以经济和环境为优化目标的化工过程智能方法研究被列为重点项目之一；2001 年，成立工业生态经济技术委员会，并启动了研究资源利用生态化的理论与方法的项目。

在低碳经济、生态文明建设、绿色发展等战略部署下，我国的绿色科技迎来了技术创新发展的新局面。技术创新、循环经济、可再生资源利用等与生态建设、环境保护有关的绿色发展任务受到重点关注。

当前，我国绿色技术的重点领域主要集中在以下几个方面：

（1）绿色能源。绿色能源也称为清洁能源，是指无污染物的排放，可以直接在生产或生活中使用的能源形式，主要有核能和可再生能源。长久以来，我国的能源消费比例不尽合理。能源消费煤炭占主要的比重达 66. 0%，石油依赖为 58. 98%，天然气占 5. 8%，其他形式的清洁能源如水电、核电和风电等仅占 9. 8%，能源问题十分突出。国际可再生能源机构的数据显示，中国可再生能源总量在过去 10 年的增长速度达到 15% 以上，几乎是全球平均水平的 2 倍，同样的情况是，水电、太阳能和风能的增长速度也为全球平均水平的 2 ~ 3 倍。其中，风力发电能力增长了近 20 倍。与此同时，美国的增长率为 97%，欧盟情况稍好，也仅为 105%。太阳能装置产生的能量从 2008 年的 113MW 增加到 2017 年的 130.6GW，是之前的 1156 倍。IEEFA 的报告显示，我国目前生产的太阳能电池占世界的 60%，到 2022 年，我国将承担全球太阳能产能增长的 58%，风能增长的 60%，水力发电能力的 65%。

（2）绿色交通。绿色交通（Green Transport）是指在社会经济活动中采用一种适合城市环境、低污染的交通工具，不仅可以节省建设费用，而且是有利于城市环境多元化发展的一类交通运输体系。生态文明建设中，交通对环境的污染是我国治理的重点，绿色交通技术的实现主要集中在燃油汽车的效率提高上和非化石燃料的地面交通、航空技术等方面，不论是铁路还是民航，都要求降低 5% 的能耗，船舶交通把这个比例提高到了 10%。

（3）绿色建筑。我国传统的建筑占能源消耗总量的 30% 甚至更多，建筑材料质量不合格、高耗能的供热和制冷系统等问题导致能源利用效率低下。在建筑的使用周期内，通过节能、节水、节地等形式最大限度地节约资源，减少环境污染，为人类供给健康高效的建筑物，我们将其定义为绿色建筑。自联合国环境与发展大会召开以来，我国政府大力促进绿色建筑在中国的发展，为此，政府相继颁布法律法规。例如，2004 年，我国建设部创建了“全国绿色建筑创新奖”，这是我国绿色建筑全面发展的新标志。

（二）绿色技术的理论基础

1. 马克思主义生态技术观

在马克思和恩格斯的著作中，关于生态技术并没有被明确提出，但是阐明了“科学技术使得废物资源化”这一重要思想。所谓生态技术，是指能够对人和自然的和谐发展起到促进作用的科学技术，它不仅符合生态规律，而且以资源节约、生态平衡和保护环境为主要目标。其一，生态技术在提高资源利用的同时，可以减少环境破坏。马克思的废物再利用思想指出，资源浪费频繁地出现在各个行业，浪费是一种错位的资源形式。其二，废弃物的回收和利用。将生产和消费中产生的废弃物重新加以利用，既能节约资金又可以实现新的资本材料的创造。其三，生态技术可以减少垃圾。环境污染的原因之一是废物的产生，那么通过再处理和再利用废物实现减少环境污染也就变得可能。

2. 工业生态学理论

能够像自然生态系统一样进行循环利用，将工业废弃物转换为新的能源或资源，降低对原有材料的需求从而实现环境保护，是通用汽车实验室的科学家 Robert Frosch 和 Nicholas E. Gallopoulos 最初对工业生态的设想。他们在《制造业的战略》一文中首次提出了工业生态的概念。

工业生态学是生态工业的基础学科，是交叉集合环境学、生态学、能源学、信息技术、系统工程等多门学科后新兴的综合性学科。该学科在可持续发展的理念下，将研究的重点放在系统的开放性向封闭性的转变，从而实现生态、经济和社会效益的和谐统一，人类社会和自然生态的和谐发展，产业体系如何作用于自然进而实现人、自然、社会的共同发展，可持续发展。工业生态学的特征主要从以下三个方面体现：一是工业生态学是多学科跨界融合的一门综合性学科。二是工业生态学注重整体的作用。它在理论上剖析了工业系统的构成，对工业系统和生态系统的关系进行梳理研究；在实践中，该学科在全局思维模式下，摒弃之前的简单生产模式而采用综合生产方式。三是工业生态学通过对绿色技术的不断创新研发，建立动态监测和预警系统，能够快速、精准地收集和整理信息，提高废弃物的综合利用水平，使得信息、环境、能源等实现绿色影响作用，从而实现生态工业生产。

3. 循环经济理论

经济发展过程中，人们在生产和消费时不合理、不正确的一些做法导致现实中大量资源的浪费和环境的破坏。波尔丁认为，人类在消耗有限资源的同时，会造成资源的枯竭，就像是孤立存在的宇宙飞船一样，只有在被回收后才能延长其寿命。于是，20世纪60年代，他提出了循环经济应该替代当时盛行的单一计划经济，“宇宙飞船经济理论”成为循环经济的思想启蒙。

人们在生产、流通和消费中减少资源的浪费，并能将资源利用、再利用的一系列活动，被称作循环经济。其本质是一种生态经济，是在可持续发展的指导下，从源头、过程和末端防治污染的经济模式。可操作的技术、合理的成本、资源的节约和环境的保护是发展循环经济的本质，而减少资源使用数量从而降低环境污染，提高产品和资源的使用效率进而利用及再利用资源和回收资源减少末端污染治理难度是循环经济的三大原则，即减量化、再利用、资源化。

生态文明的建设中，点—线—面的循环经济的发展是其必然要求。从企业内部到产业内部，再到产业间，形成资源—产品—可再生资源的闭环循环过程。循环经济遵循可持续发展的客观规律，不再单纯追求经济的量增，其特点主要有非线性、自循环和重技术等。一是非线性。循环经济将经济发展过程描述为从资源发展到产品，再由产品转变成可再生资源的循环过程，具有非线性的特征。二是自循环。动脉经济和静脉经济的耦合实现了经济的自循环，废弃物通过自循环达到双重减排，经济发展和环境治理一并实现。三是重技术。缺少技术的支持，循环经济难以实现，先进的、绿色的技术进步使得变废为宝成为可能，从而实现经济、生态和社会效益的统一。

（三）生态文明和绿色技术创新的关系

当前针对生态文明的研究成果颇丰，学者们对绿色技术与生态文明的关系研究主要体现在如下几个方面：首先，绿色技术是生态文明建设过程中重要的组成部分；其次，绿色技术能够促进生态文明建设；最后，绿色技术是当前生态文明建设中的支撑体系。在这些研究中，绿色技术、绿色技术创新如何支撑生态文明的发展，影响生态文明建设是研究热点，尽管有部分学者已经在该方面做了相关研究，但仅是对绿色技术的体系构建和重要性的分析，对两者之间的内在联系和相互作用并无更深入的研究，难以得到生态文明发展的视角下绿色技术及其创新是如何进行的结论。

1. 国内外相关研究

（1）最初概念研究。1935 年，英国生态学家 Tansley 提出生态系统（Ecosystem）的概念（唐隆华，2014），而 Duane Elgin（1994）主要研究生态文化，蕾切尔·卡逊在 20 世纪中期生态环境建设的相关研究上，揭示了人类对自然生态发展、生态环境建设的新篇章。

（2）相关法律法规研究。1990 年，美国以法律为手段，首次提出从源头上减少废物产生，从而实现环境保护的目的；1994 年，美国发布了《面向可持续发展的未来技术》的重要报告，首次提出绿色技术的发展目标是预防环境污染而非治理环境污染；1993 年，日本在《环境基本法》中明确规定了日本进行环境保护的主要脉络；2000 年，日本颁布了《建立循环型社会基本法》，循环经济在日本成为普遍的经济形态。

（3）环保政策与措施。随着对环境保护的重视，发达经济体开始致力于绿色技术的研发和推进。1990 年，英国不仅颁布了国家环境白皮书，而且财政拨款 1500 万英镑对绿色技术的研发项目给予资助；西欧陆续出现政府和非政府的环境保护组织；日本政府高度重视绿色技术的研发和应用，并开展了一系列源自金融、政策等方面的支持；联合国组织缔结方《京都议定书》第 5 次会议，签署《哥本哈根协议》。

我国在绿色技术和生态文明的研究上起步较晚，相较西方学者的研究多从宏观上提出应对措施或建议。陈立新（2008）、白春礼（2013）分析科学技术对生态文明的作用；吴志强（2005）认为，县域生态文明建设中，科学技术能够起到一定的支撑作用；周志太（2013）认为，科学技术和生态文明互相影响，其作用具有双重性的特点；肖显静（2008）明确指出，科学技术能够促进生态文明的发展，并提出相应的对策和建议；齐鹏（2010）、成金华等（2013）将技术对生态文明的影响细化到农业发展、农林科技协同、矿区等领域。

第二章

生态文明理念的绿色转向

马克思和恩格斯坚持唯物主义的基本原则，在二元逻辑的基础上将人与自然密切联系在一起，形成了辩证唯物主义的生态文明理论。人类在和自然互相适应的过程中，充分发挥人的主观能动性，通过合理的劳动生产方式为生态文明的发展添砖加瓦。蕴含丰富的绿色发展和生态内涵的环境伦理是对人类发展过程中异化的矫正，“以人为本”的环境理论发展为生态文明理念，并成为解决生态危机、缓解生态矛盾进而实现生态绿色的手段之一。就中国而言，生态文明理念与新时代中国特色社会主义理论融合发展，在人类命运共同体的共同努力下，为实现经济发展和生态保护共赢的局面，促进绿色生态文化的有机统一，落实美丽中国的建设。

一、马克思的生态文明观

社会主义生态文明建设在马克思、恩格斯的著作中发散出的生态思想中汲取养分。一般认为，马克思、恩格斯生态文明思想的核心内容为马克思和恩格斯有交集的三个方面：

1. 人对自然界的依赖

虽然在马克思的著作中没有深究与此相关的问题，但是在他对物质的产生和前提等问题的探讨中可以寻到蛛丝马迹，其理论体系是以物质（感性自然界）为基础汲取养分的。正如马克思指出的，工人无法在一个没有自然界、没有感性的外部世界凭空创造物品，它是通过工人自己进行勤奋的劳动，为满足生活所需自给自足产生能维持自己生活的产品和材料。恩格斯亦在其著作中明确了唯物主义立场，不管我们的意识和思维多么超凡脱俗，都是依存于物质的血肉人体器官而存在的。在纯粹的唯物主义中，物质决定精神，精神是物质的瑰宝。马克思和恩格斯提出的观点具有同质性：感性的外部世界是人类社会存在的基础，同时，人类社会是在漫长的自然界发展下产生的。换句话说，我们是从猿类演化成为拥有血肉之躯的人类，所以我们的人体血肉原是属于自然界的，或者说“人的有机身体”“人自身的自然”；人类若想生存生产下去，就必须依赖于外部自然（世界），这是人的物质躯壳血肉之躯赖以生存的“人的无机身体”；也是人类精神生活感情创造的“精神的无机界”。

2. 人与自然的互达

一方面，从“自然界的人化”到“人的本质对象化”的过程是要靠劳动实践来实现的。可以说，人类需要大胆地行使自然权力来改造外部自然界，通过从自然界获得的资源满足人类进行正常生产生活所需。另一方面，人也通过有意识的生产生活，通过不断地改造外部世界进行实践，足以见证人类不同于动物的独特性。马克思、恩格斯曾经说过，自从开天辟地自然界出现以来并不是顽固不化一成不变，自然界随着历史长河的推移不断改变，随着世世代代人的不懈努力和不同工业社会变更演化成现在的样子。马克思还认为，所有的社会生活在本质上都是实践所创造的。人受自然规律约束并表现为合理的劳动实践从而进行人的自然化进程，即将自然力纳入自身并将其变为自身的一部分。人和社会的关系也取决于这一进程。

通过人类改造客观世界的实践，人的感官思维和发散能力得到从片面到全面的进化，这同时也是将自然力纳入人本身的过程；通过对自然产生影响，人和人之间进行生产、互换等行为产生联系，又逐渐形成不同的社会关系。所以，通过马克思在其整体自然观和解释学中对人的生存和实践关系的看法可知，通过长时间的进化，人与自然形成了相互坦诚和互联互通的良好有机关系，即人和自然界互为对方的一部分，相互影响，无法分离。

3. 破坏人与自然的和谐统一

马克思在资本主义制度下讨论了不合理的人类活动给人与自然和谐相处关系带来的不良影响，包括人的生产方式、消费方式、技术应用等行为。在资本主义私有制下，自然仅是对人的有用对象，强制生产和强制消费的经济逻辑更将资本的逐利本性体现得淋漓尽致；资本主义生产使科学技术不断地剥削压榨人和自然，而失去了生产对象的工人则被机器和资本所奴隶。恩格斯认为，在资本主义工业文明时期，人对自然界的破坏被无限地放大，人类活动明显对植物和气候造成了不良影响。追根溯源，还是因为人类迫不及待地追求更大的利润，从而目光短浅地进行生产生活。他认为，在那个时期，所有人都仅仅以眼前的利润为目标，而忽视了他们的行为所造成的长远的隐形的不良影响。和马克思一样，恩格斯也从资本主义制度下的生产方式来看待人与自然关系矛盾的根源。与此同时，他们都认同一个观点：若想真正解决在资本主义生产方式下的双重矛盾——人与人自身和人与自然界，必须实行社会制度的变革；而解决人与自然矛盾的关键，就是实现共产主义的两个主义，即“完成了的自然主义 = 人道主义”和“完成了的人道主义 = 自然主义”。

二、生态文明的嬗变

（一）科学发展观下的生态文明

1. 生态文明理念

在党的十七大报告上，胡锦涛同志第一次将生态文明建设从国家治理战略角度纳入科学发展理念中，并用资源节约和环境保护理念指导产业结构、经济增长和消费模式的转变。具体来说，就是通过加速循环经济发展，减少污染排放，扩大可再生能源在能源补给中所占的比重等措施，以期达到“生态环境质量明显改善”“生态文明观念在全社会牢固树立”的目标。政治治理决策在人与自然和谐发展、以人为本的科学发展理念领导下呈现生态文明建设战略的雏形。

推进生态文明建设，在经济上，意味着生产将真正实现又好又快的发展，推动经济转型升级。在思想上，正确认识人民的重要性，给人民的生产生活创造美好的生态环境；在促进经济发展与资源环境相协调的基础上打破经济发展瓶颈，从而平衡好人与自然的天平，用可持续发展的生态环境促进社会经济进步，生态文明的进步成就了全面协调可持续的发展观的进步。换言之，在科学发展观指导下建立了生态文明体系。其中，包括在经济规律和自然规律指导下进行的生态文明建设、宣传人与社会友好互助的生态文明价值观等观点。可见，为更好地解决现实生活中存在的生态危机，我们应巩固生态文明要素在生态文明建设中的作用，突出其在社会经济社会发展中的地位。

2. *以人为本的生态文明观*

科学发展观与生态文明理念是互联互通的。在马克思主义的世界观和方法论中，看重人与自然关系和社会关系的变革，并合理解释了科学发展观的概念，即科学发展观的内涵是通过“合理调节社会化的人和自然之间的物质变换”，在符合人本性的同时消耗最小的能量达成人与自然的和谐，并通过社会化生产者联合发起共同控制，改变人与人的社会关系，促进人与自然和平共处、推动以生态文明为代表的发展观的实现。

落实科学发展观，最重要的就是完成生态文明建设。科学发展观的重点是将原来把经济增长和社会公平、环境保护放在对立面的发展模式抛弃。在以前的工业文明时期，在以人类为中心的价值观指导下，数量庞大的工业化大生产暂时满足了人类物质需求和生产产品之间的不平衡。从本质上说，这种价值观是不正确的。它将人与人类共同的命运割裂开来，激励人们以个人而非人类共同体的角度出发，充满了极端利己主义色彩。在生产生活中，鼓舞人们进行高消耗、高消费的方式，进一步激化了生产与自然尖锐的矛盾。生态文明作为一种特有的文明形式，追求人和自然的共同解放与和平相处，真正达成人与自然在生态上的和解，人与人之间在社会上的和解，从而有利于消除生态危机，完善人与自然和谐共生的社会模式。

以人为本是生态文明的最终价值。以人为本即在保障人民的经济、政治和文化利益的基础上满足人民群众的物质文化需求，并以此最终实现人与自然全面发展的经济社会发展观念。一方面，要做到以人为本，就必须正确看待人与自然的关系，在尊重人多方面需求的同时推动人的全面发展；另一方面，以人为本还需要我们正确认识人与人之间的关系，在提高社会公平正义的同时以全体民众的需要为目标促进经济发展。以人为本的建设有利于促进人和人之间的和睦相处，从而促进人的全面发展。要知道，若想实现人的全面发展，第一步就是缓和人与自然的矛盾，统一自然主义与人道主义。生态文明作为一种新型文明，有明显的人与自然和谐发展的特点，既在达成人与自然的和解后促进人的全面发展，又通过人与人的和解的达成实现社会公平正义。

科学发展观的核心要义是发展，在其指导下的生态文明建设通过实施收缩工业运行稳态经济而保障可持续发展；在幸福指数保持不变的前提下，使人们为承受经济紧缩不得已降低生活水平……这些充满极端生态社会主义者所倡导的悲观主义论调不能以偏概全地代表科学发展观领导下的生态政治伦理。我们应弘扬马克思的技术乐观主义态度，以积极的心态建设生态文明，通过转变生产生活方式，促进生产、生活、生态的全方位发展、推动“三生共赢”的可持续发展观，从而更好地解决生态问题。

可见，要想实现人类可持续发展，必须完成生态文明的伟大创举。如果仅仅追求经济发展，大力发展工业文明而放弃生态环境，不管为发展经济生态环境所做出的牺牲，对于促进经济建设、社会建设和生态保护的和谐发展百害而无一利。为跟上全方位转变经济发展方式的步伐，“十二五”规划中着重提出在全面建成资源节约型、生态友好型社会的基础上，转变经济发展方式。

（二）新时代中国特色社会主义理论的生态文明观

以习近平同志为核心的党中央，根据党的十八大以来国内外形势出现的新变化，中国特色社会主义实践道路上的规律性，建立了“新时代中国特色社会主义思想”。在习近平同志领导下，党中央树立了人与自然和谐共生理念，融会贯通了社会主义的经济、政治、文化和社会建设，促进生态文明建设，以达到在提供丰富物质和精神产品满足群众基本生活需要的同时，为满足群众对美好生态环境的需求提供更多的生态公共产品。

1. 五位一体的生态文明布局

生态文明建设在党的十八大报告中被第一次纳入中国特色社会主义经济、文化、政治、社会、生态建设五位一体的总体布局，这代表着“党对社会主义本质认识的深化”，同时在实践上深入落实科学发展观的战略抉择；在党的十八大报告中明确指出，应遵循尊重自然、顺应自然、保护自然的生态文明理念，在社会主义建设整体过程和各个方面进行生态文明建设，处理资源紧张、生态破坏、环境退化等影响人民生活的现象，为建成可持续发展的美丽中国添砖加瓦。在党的十九大会议上，党中央重申了生态文明五位一体的总体布局，确认了“人与自然和谐共生”是新时代生态文明的核心思想；在实践上，党中央要求在确保遵从自然规律的基础上保护人与自然形成的生命共同体；通过调和经济发展与生态保护的平衡，明晰它们之间的关系，贯彻落实“绿水青山就是金山银山”的思想；要宣扬保护生态和资源节约的基本国策，树立全社会和谐友爱的生态环境的生产生活方式；大力推进生态文明制度体系，将生态文明的理念深入人心，从而加快步伐迈入“社会主义生态文明新时代”。此外，在我国政府2018年《宪法》修正案中，生态文明建设大踏步进入五位一体布局，被写入“宪法序言”，成为全体国民口口相传的共同意念。

生态文明作为中国特色社会主义建设当中五位一体的布局组成，并不能将生态文明建设和“经济、政治、社会、文化建设”隔离；而应该融会贯通，正确处理“经济、政治、社会、文化建设”和生态文明建设的关系，建设的同时潜移默化地融入生态文明理念。

2. 双山理论

“人与自然的和谐共生”作为一大主体，在党的十九大报告中被习近平总书记提出并受到重视，表明人与自然应该建立命运共同体，并且要积极实践“尊重自然，顺应自然，保护自然”；积极构建人类与自然和谐共生的社会主义建设，除了要为人民提供必需的精神需求和物质需求外，还应该为美化生态做出一定的贡献。由此可知，新时代的生态文明观点是历史唯物主义对于生态的伦理感悟，它不仅确立了人与自然的相关联系，更在人类尊重自然、顺应自然的前提下，构建出“人与自然和谐共生，共同建设社会主义现代化”的目标，努力提高人民的精神素养，实现人与自然的和谐共生。

2005年8月，习近平总书记在安吉天荒坪镇余村进行实地考察，他发表即兴评论，在这次访查中首次提出“双山论断”：既要绿水青山，又要金山银山。其实绿水青山就是金山银山。到此，以“绿水青山就是金山银山”为代表的新时代生态文明建设逐渐形成。随后，习近平同志在海南进行实地走访；到哈萨克斯坦纳扎尔巴耶夫大学进行演讲时，再次提出“绿水青山就是金山银山”。习近平总书记的“双山论断”，非常形象地指出了金山银山与绿水青山的辩证关系，也就是人民物质文化需求和生态之间的辩证关系，在解决人与人直接的社会关系的基础上进一步探索人与自然的平衡与统一。

“双山论断”结合我国的实际，可以有以下理解：

（1）“双山共赢”是社会主义现代化进程中的必然要求。我们不能只顾及经济和社会发展，或者单方面追求生态保全和环境保护，否则，就会进入社会主义建设“单山目标”的歧途。我们应当认识到两者的共通性——“既要绿水青山，也要金山银山”，在结合中国实际发展的情况下，做好可持续发展和实现社会公平之间的转换。

（2）在走中国特色社会主义道路的基础上只有进行资源节约和环境保护，才能增进人民福祉。自从我国改革开放以来，党在建设社会主义中累积了实践经验，深刻反思了恶性的工业发展应该走向何处，并且发现生态经济的价值远超经济发展的作用。社会主义建设的侧重点转向生态系统的整体性，更加注重尊重和保护自然，顺应和服从自然，实现“宁要绿水青山，不要金山银山”的发展模式。

（3）经济基础决定上层建筑，物质财富或者生态资源都依托于特定的经济制度和社会关系。要做到“绿水青山就是金山银山”，不仅仅是思想文化层面的认识问题，更需要合理利用环境政策工具和制度，从而全面达到生态可持续发展和社会公正的实现。与此同时，我们也需要其他受民主监督和检验的环境管制政策监管，以防止独断地利用资本和市场手段。

三、生态文明的解读

（一）生态文明的含义

以下从政治层面和学术层面就生态文明进行解读：

1. 弱生态的环境伦理

弱生态的环境伦理学即构建人与自然和谐平衡、生态友好的关系，这突出体现在20世纪80年代相关学者的讨论。著名的生态学家叶谦吉将生态文明界定为：人类从自然中获益，又还利于自然；既对自然进行改造，还需维持好与环境的关系。学者刘思华将物质文明、精神文明和生态文明进行高度统一，尽量满足人民需求。

2. 生态文明建设的实践

生态文明建设的定义就是将社会主义生态文明用辩证的思想看待，进行部分和整体化，在生态文明观的指导下进行社会主义现代化的环境保护工作。中共十八届三中全会之前，在政治层面上对生态文明的内涵进行解读；根据2003年中共中央国务院提出的《关于加快林业发展的决定》，以及2007年党的十七大工作报告部署，政府及其相关部门积极推动重污染工业的治理、生态系统的修复以及节能减排技术的推广等。

3. 广义的生态现代化

党的十八大报告以及十八届三中全会对于生态文明新的思想理念建设与实践进行了阐述。例如，中央第一次全面系统地对生态文明与物质精神文明之间的关系用五位一体进行阐述，将它作为整体，并将其纳入中国社会主义建设的总格局中；消除生态危机，努力建立起资源节约和环境友好型社会，并取得快速进步。此外，对国土空间进行系统优化开发新方式，加强生态系统的保护和集约，实现生态文明体系建设的战略计划。

4. 生态文明观

社会主义生态文明观也可以称为"生态社会主义"，要做到自觉尊重自然，积极建设生态。党的十九大报告中，党中央提出人与自然应当和谐共处的生态文明发展基本方略，特别指出生态文明建设其实就是"中华民族永续发展的千年大计"，并对其进行了理论探讨和实际行动，树立"双山共赢"的生态理念，积极践行资源节约和环境保护相关基本国策，建立并完善相关法律法规，建立严格的监管和保护体系。

（二）生态文明的哲学意蕴

1. 马克思主义本体论

马克思主义实际上是在摒弃人类工业文明的阶梯上，提出更高层次的解放学学说，或者可以说是马克思把对于西方"何以可能"的问题的探究转换成对"人类的解放何以可能"答案的探索，他改变了原本传统的本体论对"存在可能"的思辨逻辑，对其进行了理论性的变革。从奴隶制社会发展到封建主义社会再到资本主义社会，是手工技术的逐渐进步促成人类社会的稳步发展和社会的更迭。同时社会的不断进步也体现在人类通过劳动改造自然的活动，对自然资源进行利用。与此同时，手工业的飞速发展同样促进了机器时代的到来，工业文明由此产生。而随着近代工业的飞速发展，人们对自然资源的开采强度逐步扩大，工业进步的同时生态环境也遭到严重破坏。社会的进步要求我们对自然资源进行无限的索取，生态平衡逐渐被打破，居住环境日益糟糕，这严重影响了现代人的生活，成为生态文明与人类文明不和谐的根本原因。如今，生态危机逐步加剧，已经取代经济危机严重影响到人类的生存，从生产领域蔓延侵蚀到消费领域。资本主义将会首先触发这颗“炸弹”，这主要是由于其片面地追求利益最大化，无限地向人类提供过剩的商品以维持其追求的高速工业增长。

简单来说，生态的概念就是生物的一种生存状态，生物之间以及生物和环境之间都有环环相扣的紧密联系。然而，随着人类社会和文明的逐渐进步，这种联系被打破，生物链间被逐渐赋予人类文明的印记，即通过文字和符号进行记载，这种微妙的联系与生态环境和人类社会的交相呼应。对环境的文字记载要与所处时代同步或者超越时代，生成对环境的记录与描述，这就是生态文明。17 ~ 18 世纪，西方资本主义国家大机器生产逐步取代人类的手工技术，机器的普及预示着工业革命的到来。这一现象很快蔓延到欧洲其他国家，工业文明由此转型，整个社会的物质生产方式发生根本性变化。许多民族的生产生活方式有了翻天覆地的变化，生产工具和交通工具的进步极大地促进了社会的发展。工业革命的到来改变了劳动对象，也改变了人与自然的关系，人与人的交往也在悄然改变。

对生态文明新认识是人类社会文明进步的重要标志，300 年的工业文明以人类征服自然为主要特征，而在一系列生态危机下工业文明的发展受到冲击。工业文明的浪潮过后，人类更加清晰地认识到顺应自然的重要性，懂得和自然构建和谐关系。生态文明是当代社会的进步，它不是对西方文明全方位的否定，也不是对社会主义的赞歌，它是要最终达到人与人、人与自然间的平衡共处。生态文明在于人的道德约束，提倡人与自然的和谐统一，互促共融。

2. 社会主义生态观

在建设生态文明的过程中，我国将其所构建的社会描述为：生态文明要立足社会主义实际情况，以维护人类生存环境为依据，充分利用现代科技水平的发展，在对资源开发的过程中，使得社会与自然协调统一发展的现象。而这种现象的产生更多是在意识形态领域的变革，实际上是一种社会发展高级形态的表现。每个生物个体的本质都不仅是其原有的思维，而是其所体现的社会关系的综合。

我国在构建生态文明时，运用并丰富和扩展了马克思主义思想。马克思拥有长远的整体思想，他将存在于自由竞争市场资本上的人口、土地、工业三者看成一个整体的生态系统进行研究，马克思站在不同阶级的立场上阐述了工业化大背景下资本主义增加财富的两种方式：一是自然界，重点就是土地，对土地的剥削是资本积累的主要来源；二是工人阶级的劳动，资本主义通过剥削压榨工人阶级的劳动成果增加自身财富，由此造成资产阶级和工人阶级、人类社会与自然界矛盾的激化，打乱了生态环境和人类社会几千年形成的内部稳定，破坏了其经济稳定系统和新陈代谢速度，使人类社会和生态环境的平衡被破坏，其内部生态循环系统被迫打断。基于此，在马克思论述自然界和人类社会生态循环的演化时特意指出要走现代化可持续发展观和生态观道路，这也是现代生态文明的集大成者。

（三）生态文明的价值意蕴

回顾我国以往治理生态含义的演变和实践过程，可以领略到中国特色社会主义理论和指导实践的生态文明价值有以下两方面含义：

1. 历史唯物主义批判的理论基石

在关于人与自然界关系的课题研究中，马克思指出，生态文明哲学理论是在批判资本主义以及共产主义全面发展观的灌溉下茁壮成长的：人在自然界和人类社会进行繁衍生存、生产生活时，人的物质躯壳所处的自然环境和生态资源的情况有着极大影响。此外，在和大自然磨合的时候，我们应充分发挥人的主观能动性，因地制宜地进行劳动生产，以此推动生产力发展；随着人在自然界不断汲取物质进行物质交换，人所追求的达成物质与精神发展双赢——促进其平等、完整、和谐和自由全面的进化。改革开放的春风惠及中华大地，邓小平同志提出的“共同富裕”思想广为人知，“社会公正”的思想深入人心，这是一个在解决因分配不公平所引起的社会混乱和人民贫困问题的同时可以防止发展经济造成生态破坏、促进经济和生态齐头并进共同发展的好办法。在江泽民同志提出的“三个代表”理论中，“先进生产力”意味着在绿色低碳循环经济的推动下实现人与社会、人与生态和谐共处的可持续发展；“先进文化”继承发展了中国传统思想中“以人为本、天人合一”的文化理念；在确保资源能循环利用的基础上，用制度为人民公平公正的生活和发展保驾护航，这成为“最广大人民的根本利益”。以人类为中心的“红绿”批判，将矛头指向了人全面自由发展的乌托邦：社会主义生态文明的实践很好地证明了人与社会、人与自然能够和谐发展，并逐渐演化进入以人为本的“科学发展”新阶段。

2. 生态文明的四个维度

作为国家战略决策的生态文明与经济、政治、文化和社会形影不离，共同构成五位一体。也就是说，生态文明呈现四个维度。

（1）生态文明的经济维度。促进经济增长、科技创新是实现生态文明的基础。这与工业文明背景下的资本发展不同，社会主义文明是利用科学技术的进步在保护环境的基础上实现经济的可持续性发展。

（2）生态文明的政治维度。这将着力点放在人和社会存在的循环断裂，人与人之间关系危机，提出生态危机的根源在于人与生态环境共生共存平衡的破坏。面对这一现象，我们正确认识和处理人与人的社会化关系，调整国家整体生产力和生产关系平衡，在国际政治秩序上解决不同国家和民族间的矛盾，共同为实现经济发展和环境保护的双赢而努力。

（3）生态文明的文化维度。文化是一个很笼统的概念，需要我们从哲学、文化、三观、实现等方面进行改变，工业文明下树立的机械世界观变成现在的有机世界观；尽最大努力改变无限度剥削自然以满足人类消费欲望的生产生活方式，贴近生活，合理消费，绿色低碳环保地生活。

（4）生态文明的社会维度。在国家层面上颁布法律法规，用法律法规的力量约束人民的生产生活，在实践中推进生态文明建设、公平公正分配自然资源，促进经济可持续发展。

综上所述，这四个维度从不同角度推进了生态文明建设，经济维度是生态文明建设的基础和前提；政治维度是生态文明建设的实质；文化维度是生态文明建设的内生动力；社会维度是生态文明建设的制度保障。

（四）生态文明的实践意义

1. 生态文明体制改革的顶层设计

习近平同志指出，我国是法治社会，保护生态环境不能仅依靠道德的约束，更需要通过制度建设来实现，要严格监管并完善相关法律法规，为生态建设提供可靠的法律保障。《中共中央关于全面深化改革若干重大问题的决定》中强调，积极对生态建设相关法律体系进行下一步完善，对新时代的生态文明建设进行科学部署。该决定指出，要对生态文明制度体系进行全方位构建，建立集决策、评价、管理和考核制度为一体的体系框架。中央在《关于加快推进生态文明建设的意见》中指出，对于生态文明建设，要控制污染源头、把控生产过程、加大破坏赔偿力度，深究有关人员的责任。同时中央对我国生态建设的总路线进行规划，提出六大理念、六个原则和八个制度的实施路线。

中央政府在党的十九大报告中指出，新时代的生态文明思想形成了两个层面：一方面，把人类与自然作为一个统一的有机整体，倡导经济发展和资源保护的协调稳定。由于社会主义经济高速发展的需求，粗放式的工业生产造成严重的环境污染，包括大气污染、水污染、土壤污染等，这就要求我们需要协调环境与经济的关系，既要实现人民的物质需求，又要实现环境的生态稳定。另一方面，全球变暖等气候变化使世界各国都遭到了不同程度的破坏，因此各民族应该抛弃以自我利益为中心的狭隘想法，构建人类命运共同体，互相包容，平等洽谈，共同为治理环境污染贡献自己的一份力量。为此我国逐渐形成包括明确社会主义的绿色发展理念、大力加强环境生产力建设、不触及生态红线等生态治理规划，努力提升人们的道德素养，实施生态法治建设。

在党的十九大报告中，党进一步指出，我国应该积极推进绿色发展，对于环境的突出矛盾加强解决力度，逐步加大生态保护力度，完善建设环境体制，真正实现人与自然的和谐统一和生态文明现代化，满足人民日益增长的生活需求，同时也要提供生态产品满足人民的精神文化需求。在我国经济蓬勃发展的新形势下，应重新修复因人民需求增加经济大步向前的形势和被破坏的生态系统间的关系。

2. 新时代生态文明的法治思想

强化监管制度、完善体系构建是生态文明建设的有力支持，也是建设美丽中国的重中之重，而新时代也对生态建设的运作提出了以下新思维和新理念：

（1）完善有关生态保护的法律法规。习总书记认为：我国是法治国家，是法治社会。自改革开放以来，我国对于环境保护方面的立法工作基本实现了有法可依。但是由于法律规定不够人性化，较为刻板，对于某些规定存在漏洞，需要进一步细化和完善。因此，需要在法律层面对生态文明建设的地位进行确立，积极推进资源节约环境保护的基本战略。2018 年 3 月，中央通过“宪法修正案”，在前言部分写明包括建设社会和生态文明的五位一体新布局，建议在国家机构这部分内容中加入关于生态文明建设的领导应该由国务院全权负责。另外，中央应积极实践《民法总则》中有关资源财产权的相关法律法规，并且在修订过程中努力体现“绿色发展”的生态观念。最后，对于我国环境要逐渐实现规范化、系统化，努力构建统一协调、合理完善的环境法治体系建设。

（2）执法规范化。在党的十九大报告中，党中央明确提出构建法治社会，实现依法治国。《环境法》的执行同样需要依法进行，并努力体现在治理的每一层面。实现政策的多样化，综合运用各种政策达到系统最优方法，加强《环境法》相关的法律法规完善与监管，发挥市场自动调节作用，用“看不见的手”来加强环保建设，抓住主要矛盾，在对地方官员考察时将环境治理作为一项重要指标。

（3）司法专业化。在党的十九大报告中，党中央明确提出，深化司法体制改革，让公平正义在每一个民众心中生根发芽。环境司法工作也应该积极响应党的号召，将生态理念融入环境保护中，跟随党的领导，培育和践行社会主义生态文明观，提升有关职员的思想素质，努力提高司法执行过程的规范化，严格遵循相关法律法规，积极探索新的制度，发展新思想，推动多元化诉讼制度完善与构建。

（4）守法普遍化。党的十九大报告中明确指出，我们提倡适度消费，反对奢靡浪费；提倡绿色环保，反对环境污染。作为公民，我们有义务提升自身素养，树立环境保护的观念，实行低碳环保生活方式。国家应积极推行教育体制改革，加强思想道德建设，在道德层面对环境污染进行治理和劝阻。同样，法制措施等强硬手段也需要积极推行，对环保性的公益组织进行支持和宣传，保障公民各项基本权利，完善相关规章政策。

四、生态文明的绿色价值

环境伦理实际上是人类从农业文明向现代文明发展的深刻反思，是对资本主义破坏式生产方式的批判。事实上，环境伦理本身有丰富的发展内涵，包括绿色和生态等，它的出现是对人类社会发展出现畸形化的矫正。绿色发展理念、发展价值以及生态行为、生态道德都是环境伦理的内涵，目的就是促进绿色生态文化的有机统一，保护自然环境和人文魅力。随着社会的发展，出现了后现代环境伦理，它是对以前环境伦理在绿色发展上的转变和发展，主要包括生态的绿色转型、道德的绿色重构以及需求的绿色供给。

（一）后现代生态主义的绿色价值

随着工业革命生产方式的转变，生态环境日益恶化，在此背景下，后现代主义试图领导人类发展的新方向和新的思想方法，并重新诠释和构建人的关系，包括人与自然系统之间、人与社会系统之间、自然和社会系统之间的关系。

1. 后现代生态主义的本体论

后现代主义本质上是一种全新的世界观，是一种绿色的本体论。18 世纪 60 年代，工业革命的到来使自给自足的小农经济被打破，机器开始代替手工成为最重要的生产方式，机械自然观便随着工业秩序的建立而形成。机械自然观将人与自然二分地看待，否定其整体性，把自然看成孤立的个体和没有感情的简单物质积累。同时为高污染、高消耗产业对生态肆意掠夺提供了理论基础。而它给人类带来的好处却是需要不可逆转的代价的。机械自然观不仅促使人类对自然资源进行掠夺性的开采和破坏，同时以人类为中心的思想开始广为传播，导致生态的极度恶化。我们重审与自然的关系，摒弃西方错误割裂思想和二分的错误哲学，建设后现代生态主义，提倡人与自然是一个有机整体的观点和方法。这是对人类发展模式从“黑色”到“绿色”转型的不断摸索。通过全方位、多角度的思考，深究生态危机背后的“主谋”，以政治、经济、文化以及哲学为主要分析基础，探索人与自然和谐共处的新思维、新理念，为现代生态文明的发展提供正确合理的世界观和方法论。

2. 有机整体观

后现代主义生态观认为包括人类在内的自然界是一个无法分割的有机整体，在宏观宇宙和微观自然界中存在的不同物种，都是既独立又统一的整体，并且相互影响、相互制约。人类需要形成新的价值观，即构建一个和谐统一的有机整体，实践是理论的先驱，现代生态理论中所倡导的统一关系都需要在绿色发展的实践中体现，强调人类不仅要实现生产方式上的绿化，还要实现生活方式上的绿化。低碳经济强调能量的守恒，人类应该遵循生态自身的运作规律，尊重自然，维持生态的平衡和运行。

3. 绿色发展观

后现代主义生态观确立了新的发展理念，树立新的伦理价值观，对绿色发展的进一步持续和深化有着重要的影响。绿色发展观就是指后现代主义的绿色发展思想，它不同于片面的发展观，将自然生态简化为简单的数字指标来衡量经济增长，而是打破错误二分思想的发展模式，开辟新的发展道路，树立新的发展理念，构造人与自然的和谐有机整体，促进人与自然的共同发展。从这个层面来看，后现代主义生态观打破并克服了以往的单边发展障碍，对发展有了新认识，促进了绿色生态观的理论升华。

（二）环境伦理的绿色转向

环境伦理学作为综合伦理学与环境科学之间的新兴科学，主要强调以人与自然之间、人与人之间以及人与社会之间的平衡协调、和谐共存、持续发展为基本载体的道德文化，倡导人们除在法律强制下维护生态系统结构的平衡和协调外，在生产实践中选择合理的生产方式。价值观层面上，它强调以哲学层面的部分与整体关系解释人与自然的关系，人是自然的一部分，部分对整体有着决定性的影响，因此，人类要以其人文关怀和理性竞争态度来尊重自然、保护自然。如今，人与自然的关系已经变得相互依赖、相互影响，因为人拥有毁灭地球的力量。自然是一个由人、自然物种等共同形成的有机整体，所有生物体都是平等生存的。同时，自然不仅具有服务于他物的外在价值，还具有基于自身的丰富个体价值，即内在价值。人类应尊重自然、保护自然，承认其他物种在生态系统中的价值，尊重自然本身的价值，履行尊重生命和自然的义务。而这种尊重的目的就是不违背自然的内在规律，不强制改造自然。保护环境不仅是出于自身利益的考虑，也是我们现代人的道德责任。这种责任感不仅来源于对自然内在价值的认识，更是对人与自然关系的重新认知与理解。因此，人类对自然的认识和理解总是有限的，在对待自然时，我们应该采取谨慎的态度，优先考虑生态系统的完整性和稳定性。

1. 绿色价值观念

一般意义上，我们倡导低碳经济的循环发展模式和绿色生活方式，即社会生产方式的绿色化和社会生活的低碳化，它是一种绿色价值范式。除了关注自然本身的生态价值，更注重由特定物质的特定生产要素所构成的生态价值；既注重自然生态环境本身的生存与发展，又注重人与自然的协调平衡以及人自身的全面发展。

随着社会经济的不断进步，生态作为衡量经济社会发展的重要因素，占相当重要的比重，生产力的绿色化和能够促进生态系统健康化的生产技术，是人类社会进步的“助燃器”。人类注重发挥主观能动性，提高修复和保护自然的能力，培育和提升自身素质，最终实现人与自然共同发展的目标。总体来看，绿色发展范式是一个比较全面的环境伦理价值概念，是可以实现有机统一的经济体系。

2. 绿色思维范式

基于绿色思维范式下的环境伦理学主要是指，在保证生态环境的整体下，扩大伦理对象的范围，即从人类社会扩展到自然，同时将伦理关系的范围进行拓展，即从人到“人—自然”的系统；倡导把人与自然的对立、主客二分法的单一主体性转变为主客间的平衡统一，协调全面的辩证主体性，这和人类普遍的认知规律是相通的。

由于生态环境在哲学上是整体和部分的关系，整体与部分有着不可分割的联系，部分影响着整体，促成整体的规律运行。这要求人类摆脱以自我为中心的思想，即错误地认为人是自然的主人，可以肆意地鞭挞自然，强行地改造自然；改变人与物分离、主客二分的错误观念和思想，努力实现从征服自然、改造自然转变为实现人与自然统一的观念。坚决反对只顾及经济增长，而忽视人类精神层面的审美需要，不仅要考虑当代人类的生存，更需要为后代的发展留足空间和资源，实现人与自然的可持续发展。

3. 绿色生产理念

绿色生产理念是遵循自然生态系统的完整性规律，以循环利用、低碳和资源节约为原则进行的生产活动，以环境的承载力和自我恢复力为限值，遵循适度发展的可持续发展理念，合理利用自然资源；积极推进节约生产方式，改进组织管理结构，注重绿色创新和环保节能技术在生产领域的推广应用，提高产品质量提升生产效率。绿色生产理念是低碳循环经济发展之路，是绿色技术创新，可以在一定程度上提高能源的使用效率，推动经济增长模式从广泛到密集的绿色转型的基础思想；放弃对生态环境造成破坏的高污染产业，对资源进行合理的开发利用和保护，促使工农业有机融合、生产发展、生态良好、社会和谐和科学文明发展。

第三章

生态文明视角下企业的绿色创新

进入工业文明以来，人类曾经的价值观是对自然的征服、控制，过多地强调人类的主体地位，没有遵循相应的自然规律。在企业的发展过程中，同样出现“先破坏，后治理”的问题。生态文明视角下，企业创新的多样性开始趋向绿色化。由于企业的异质化特点，资源理论、关系基础理论下企业的竞争优势也同样存在差异。绿色创新受到理论界和实践界的关注，在对企业绿色创新的研究中，不仅重视环境友好，而且将关注的重心放在如何产生绿色创新的动力源以及绿色创新的动力因素上。

一、企业的异质性和竞争优势

（一）企业的异质性

1. 变异机制下的企业多样性

Winter（1975）和 Witt（1996）利用演化经济理论进行研究

发现，企业之所以具有创新动力，是因为其对当前经济利益的不满，或为了适应外部环境的新变化和新需求，我们希望通过一定的创新，找到与环境相符合并能够解决环境问题的方案。Aldrich和Ruef（2006）认为，当前所说的变异包含现有生产方式和解决方案的各种情况。根据演化经济理论，企业可以定义成一种以知识存有量为基础的较为复杂的学习型组织。Metcalfe（1995）、Srholec和Verspagen（2008）也认为，个体有限理性引起的企业实践，推动突变成为创新能力多样性的主要形式。

蓄意和盲目可以称为变异的两种类型。蓄意可以理解为对方案的辨别、选择、试验等，具有一定的可选择性，是有意识地计划；盲目指的是突发情况，试错学习，以及企业运作过程中存在的运气或者是误解，甚至是一些“闲暇时的好奇”（布伦松，1981），有时还包括在一些突发情况下企业的应激反应。外部资源是一种对较为复杂问题或外部环境的有意识反应，相对来说，内部资源则是对一些正式产品或具体流程在某些方面做出的有关探索和测试。在经济层面下，企业在积极探索如何解决外部环境压力，并且在寻找合适的解决措施时会产生某些变异。然而，企业的盲目变异必定会对企业后期的发展带来影响。例如，孙思邈炼丹时意外地发明了火药，这是一种盲目的变异；那么接下来一系列围绕火药的武器发明都称为蓄意变异。此外，“聪明的失败”（西特金，1992）已经被许多公司或组织用作建设性的试验方法。因此，蓄意与盲目之间差异的存在也可以理解，在实际中难以辨别。有很多学者认为对变异的需求并不能解释其根源（Cziko，1995），且对盲目变异的作用进行夸大是错误的（Witt，1992、1997、2003；Foster，2000），对变异结果的选择应该由其产生的效益作为标准，而不是企业本身的主观意愿。由此判断，盲目变异和需求变异是无差异的（奥尔德里奇和鲁夫，2006）。从理论的角度来说，企业无法知道最终的可变性是否起到提高经济效率的作用，因此任何变化都可以被视为“盲目”变异。从变异机制的单一角度来说，变异又是企业实现多元化的必要条件。选择机制来自多种变异，对变异来说是中性的（埃尔曼皮拉，2002）。从这个角度来看，实现企业多元化的过程也需要一个选择机制来决定。

2. 选择机制

在企业创新发展的过程中，虽然变异机制促进多样性的产生，但选择机制会相应地抑制某些多样性。选择机制就如同达尔文的“适者生存”，将竞争能力强的筛选出来，淘汰无法适应环境的个体或群体。但 Schumpeter 的“创造性破坏”既有成功，也有失败。是否成功不是由预先设定的标准决定，而是取决于事件发生后的实际结果（Nelson，1982）。

在某些经济背景下，学者通过研究发现，选择机制下只存在有限的多样性，在经济发展的浪潮中只有以经济利益为中心的企业才可能生存并发展，即认为传统理论中的“典型企业”是正确的。国家和行业的创新体系在其完成构建之前，都会采取与之匹配的选择标准，譬如在资源垄断和环境竞争下，同质化的创新行为应运而生。但仅在不同环境下采取选择机制并将其简单化，是不正确的（Srholec and Verspagen，2012）。迄今为止学者对于有关选择机制如何影响企业在创新过程中产生的多样性的研究没有定论，但在选择机制完善之后，我们依然能从三个方面探究选择机制存在的合理性。

首先，外部环境对于企业的影响是不断改变的，那么选择标准也会有相应的变化。也就是说，环境永不停歇地运动导致选择也进行着变化，进而促成新的变化和新的多样性。

其次，选择机制作用于最终的结果而不是过程。演化的中性理论指出，在某些环境背景下，无论是企业内部进行自主研发还是通过外部技术得到具有相同竞争力的产品，在选择机制的理论下不具有偏好性。最新理论的情境应急方法对“唯一最佳路径”模式持否定态度，认为具有相同战略目标的企业可以运用不同工具，采用不同方式方法来实现。由于市场环境不同，企业形成的多样性行为也各自不同。

最后，亚当·斯密的分工概念认为，企业多样性产生原因与进化博弈论密切相关。著名的“鹰鸽游戏”可以很好地阐述这一原因。在平衡状态下由外部环境所做出的选择我们称之为进化稳定，无论是选择攻击（鹰）策略还是选择和平（鸽子）策略，结果都是要适应环境。两种策略只有根据不同环境选择不同的比例进行结合才是均衡结果。上述关于选择机制多样性的观点尽管不是进化经济理论的一部分，但是都对企业的多样性提供了支持（斯霍和莱西，2008）。

3. 保留机制

保留的进化机制就是将变异结果有益的机制保留下来。突变或突变的再生是这种机制的突出特征。有益的变异结果如技能创新和竞争力，能够通过外部引进和内部促进的方法进行留存。通过保留机制的运行，保持有益变异特征，促进新技术和思想的创新。

对于所进行的复制或保留的对象，一些学者对习惯和惯例的联系进行了详细阐述。习惯是指一个经济人的人格，即当受到外部环境刺激时形成的学习行为。从企业的角度来看，我们将其定义为惯例。但是，需要个人或组织获取对习惯或惯例进行知识和能力等方面的实践，这就要求具备一定的主观性。我们可以认为，在社会的不断发展过程中必须包含拉马克式进化的某些要素。他认为，习惯和惯例在具备环境适应性后，变得更加完善并持续演化，传给后代。拉马克演变依据环境的不同变化习惯或实践来改变，在这种背景下，变异机制通过学习外界变化变得更适应环境，从而扩大了选择机制的多样性。

企业在进行变异和保留机制下形成的多样性，会由于保留机制存在的习惯而继续留存，为企业提供支持。由于拉马克式的进化作用，多样性企业逐渐稳定形成异质性特质。

（二）企业的竞争优势

1. 资源基础理论下的企业竞争优势

资源基础理论有两个假设：①取决于企业内部系统，资源的不同可在实际中观测；②尽管流动性和资源短缺对其有一定局限性，但多样性依然存在于资源组合当中。

根据以上假设，巴尼指出，企业竞争优势受到某种资源的影响，那么该资源一定拥有价值性、稀缺性、不可模仿性和不可替代性四种属性，如图 3 - 1 所示。

巴尼认为，若某项资源可以增强其竞争力，减少外部威胁，就可以认为这种资源具有价值。他认为，资源的稀缺性是指资源具有极强的竞争优势，即使这种资源有一百万家企业拥有，但有十亿家企业想要拥有它，那它就不属于稀缺资源。从经济学的角度来看，价值性是稀缺资源必要的特性。因此，得到稀缺资源的企业也就拥有核心竞争力。不可模仿性则是指市场上的其他企业无法获得类似的资源。市场上其他企业无法通过测评获得其他资源具有相同的效果。

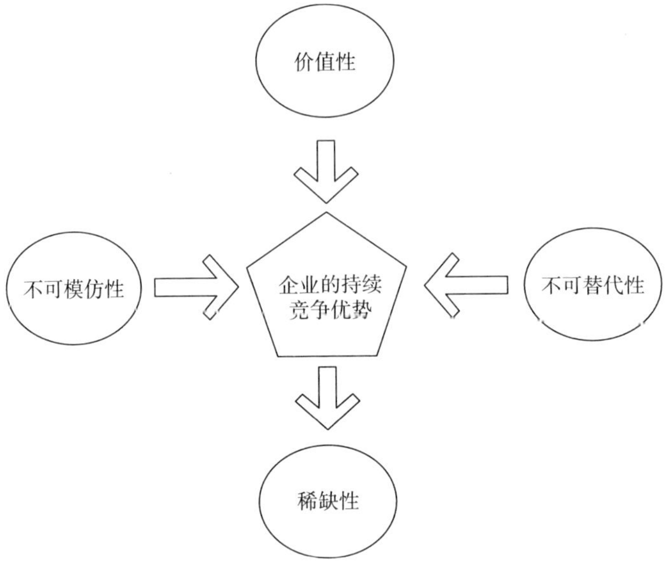

图3-1　影响企业竞争优势的资源属性

皮特拉夫对于价值理论和租金经济学方面的研究更深入，他提倡个人资源而非整体战略。皮特拉夫在巴尼研究的基础上，分别引入事后竞争限制和事前竞争限制两个概念，认为不管在什么情况下，都必须保护和利用企业的内部资源保证竞争优势，如图3-2所示。

异质性来自企业多元化。根据演化经济学，企业通过演化过程中不同的资源组合促成多样性。根据此原理，可以解释企业经济效应差异与其竞争优势的异质性。Rumelt相信盈利能力是不断变换和监管带来的多样性造成的。企业在今后发展遇到的资源组合结果的无预见性和对其他资源的排除性都是资源多样性下隔离机制的体现。事实上，垄断租金或稀缺资源的控制可以简述企业的竞争力。资源的不完全流动性是指企业已经获取的资源不可被交易或转移（Dierickx and Cool，1989），也可以认为这样会丢失对于资源价值的利用（皮特拉夫，1993；拉西，1994），如企业文化等。这些资源无法从要素市场中获得，只能依赖于企业自身的积累。因为此种资源对于企业的依赖性很高，无法被其他企业获取，因此可以作为企业的核心竞争力。在这种情况下，我们把竞争优势的类型称为准租金或帕累托租金。

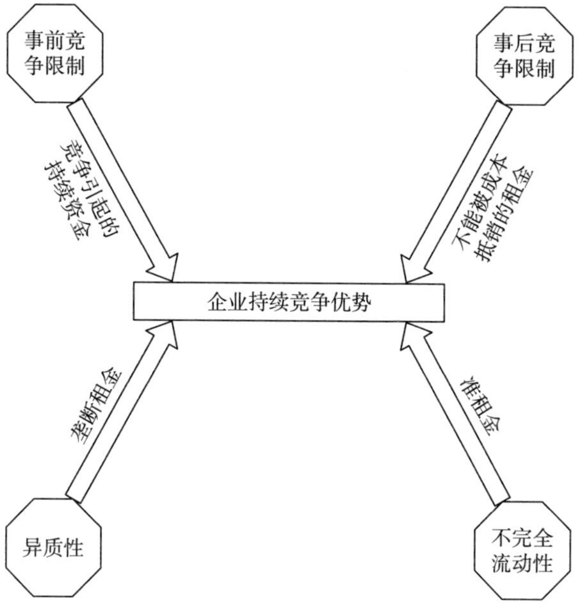

图 3－2　企业竞争优势的基础

要知道，市场是有限的，所以在企业取得竞争优势或在取得资源优势之前竞争也是有限的，这就是事前竞争限制。皮特拉夫在 1993 年提出只有具有一定前瞻性或好运气的企业才有机会在资源上占据优势，这也逐渐形成特有的竞争优势。巴尼指出的战略要素市场的内涵：不可流动和不完全流动的资源都可以在要素市场上交易。但只有当要素市场不具备完全竞争力时，企业才有可能取得高于平均水平的租金利润。企业获利的唯一途径是资源发生增资，即资源的事后价值高于购入价格。由此可得，只有在要素市场发生不完全竞争时，例如买方和卖方获得的信息不同，才能为资源对企业的战略价值提供合理解释。同样，因为信息的复杂多变和不对称取得，竞争者在购买前准确地了解评估资源的真实价值有一定难度。因此，为了提升竞争优势，我们必须获得比竞争对手更多的信息或者获取资源的成本和经济价值。在这种情况下取得的竞争优势被喻为“不能被成本抵销的经济租金”。

事后竞争限制是指使用隔离机制来确保资源继续有助于企业的竞争优势。获得有竞争优势资源的方法如选择拥有其他类似效果的资源，在某种情况下，看似风马牛不相及的两种资源却拥有相同的效果。由于技术变化（例如更换手动和液压驱动器的蒸汽机驱动器），技术资源尤其受到替代品的威胁。隔离机制是指企业对自家企业资源展开保护伞以避免被竞争对手抄袭，从而使自己始终在竞争中处于领先地位。其具体执行方式包括保护知识产权、减少信息对外流通和禁止外人访问内部系统等。这时，这种竞争优势被喻为“由竞争引起的连续租金”或“熊彼特租金”。这种优势地位容易一直保持，除非在竞争对手实力增强后被超越。熊彼特认为这时竞争是暂停的，但资源基础理论认为这是一种用蓄积力量积攒先发优势资源的稳定状态（韦尔奇和阿拉姆，2008）。

2. 关系基础理论下的企业竞争优势

（1）关系租金。关系基础理论下企业核心目标是通过合作或网络来获取并保持竞争优势（Dyerand and Singh，1998；Gulati et al.，2000）。关系租金定义了该竞争优势，在合作或团结的情况下，任何企业都不能脱离市场或其他因素而独立存在，只有通过开展强强联合或联盟队友才能取得更多信息，向实现超额利润的目标前进。

传统意义上，市场关系是“松散的”，因为有非固定的投资资产、信息交换的最低成本、相分离的技术和管理系统、交易成本的下调等（Dyer and Singh，1998），也形成了在市场上只需支付很少的罚金和极低的机会成本就可以肆无忌惮地更换合作伙伴的畸形现象。为了促进传统市场转型，使市场成为企业加强合作的一种方式，在租金基础上构建的关系包括私人资产在内的关系、知识交流或联合研究、享受补充资源分配和治理制度关系，如图 3－3 所示。

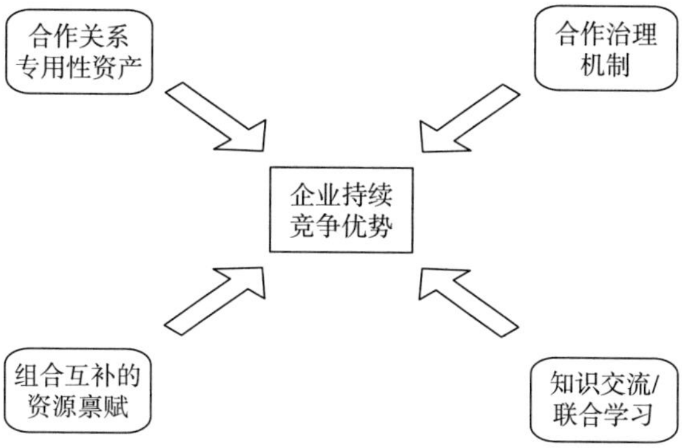

图 3－3　通过关系租金获取竞争优势的关键因素

在资源基础理论下，资源被赋予稀缺性、有价值性、不可复制性且不可移动性等性质。而关系基础观所关注的重心则是因构建合作关系而产生“专门资产”，拥有位置范围、实物资产和人力资源三种财政方式（Dyer and Singh，1998）。地理特征是指尽量在地理位置相近的地方寻找合作伙伴，这样信息方便沟通、资源方便流通、产品方便生产。良好地理位置的优势同样有利于减少库存货物，降低交易成本。实物资产指发生合作关系的不同企业在产品生产过程中发生的资本交融现象，比如合作生产机械、设备的更新换代和 ERP 接口等。人力资源特征是指在两个企业建立长期合作后，积累一定的知识、经验。这三种类型的“特殊资产”中需要提醒的有两点，它们影响着企业建立合作关系后租金的取得和竞争优势的形成。第一，要注意投资企业所需资产的耐用度和机密性，尤其是关于技术方面的机器设备，如果这个机器设施有专业的保护措施、维修团队和严谨的保密工作，对投资者的吸引力就更大；第二，合作企业之间获得的关系租金应该随着总交易成本的上涨而上涨。随着贸易规模或范围的扩大，双方的动机是提高合作的效率。

实现持续的知识交换或联合学习是获得关系租金的第二种方式。对于关系基础观来说，竞争优势的取得往往来自于合作企业带来的新知识、新观点和新信息，而信息系统的更新同样有助于创新技术的转型升级和资源的更新换代。建立合作关系的企业可以构建企业间知识分享的桥梁，从而促进知识的流通、重组和升级，并有利于关系租金取得。为防止“搭便车”行为（戴尔和西恩，1998）的发生，分享平台同时依赖于合作企业分享知识的意愿。

同时，企业间的互补互助也就是获取关系租金的第三种方式。最好的结果就是，拥有合作关系的企业分享资源材料，使得双方的资源都比之前丰富，同时使资源转型升级，优化更新，新资源的组合特征更加显著，企业也就更具有竞争优势。资源之间的互补程度越高，越有助于合作企业关系租金的提升，随之形成的竞争优势就越强。显然，合作企业整合资源的能力、获取资源信息的专业性和评估信息准确性等与获得资源的价值是正线性相关的。同时与企业间的公司文化、组织系统、办公体制等有着莫大关系。

第四种方式就是加强企业间的合作管理获得更多的关系租金。就普通情况而言，合作治理机制是可以通过第三方建立实施的，例如法律条款、合法许可授权或自我约束合同，如 Dyer 和 Singh 在 1998 年提出的两个方案——商誉和交叉持股。在交易成本理论下，合作企业间应将日常交易行为和公司治理结构有效结合起来，以此下调交易成本，提高合作企业配合度和参与度。同时，不仅需要建立治理体系规范合作企业间的协调活动，其通过建立合作取得的关系租金的分配也需要治理体系进行有限监管（Dyer et al.，2008）。

（2）隔离机制。我们需要建立类似于隔离机制（Rumelt，1984）来保护或者维持企业内部资源的正常运转，即使在关系基础观下也提倡利用隔离机制保护关系租金（Dyer and Singh，1998）。现在来说，除了众所周知的隔离机制以外，还有其他四个隔离机制：

1）企业间资产的相互关联性。由于企业间合作关系的产生，随之建立了“共有专门资产”账户，其账户最初的投资金额将影响未来的投资额度。“共有专门资产”的运作是一个长年累月的过程，投资前后的变化是一脉相承的。为更多地取得关系租金或为获得关系租金更多的好处，合作企业必须对“共有专门资产”实施投资。

2）合作伙伴的稀缺性。关系租金很难被他人复制或者抄袭的原因是很难找到合适的合作伙伴拥有高度互补的资源。因此，其意义在于能迅速地在市场上挖掘合适、准确的合作伙伴并建立良好的合作伙伴关系，这样可以先发制人，掌握巨大的战略优势。

3）合作资源的不可分割性。建立合作关系的企业往往会结合所有资源分门别类地整理好后，按照相同路径进行互助互利发展，并确保不会被其他竞争对手模仿或抄袭。其战略目标是合作企业在合作过程中的资源或能力将不断进步，从而影响合作企业独立控制资源或对资源进行重新分配的能力。

4）制度环境约束。利用国家颁布的法律、法规或规章制度来限制和控制合作合同的执行；鼓励和培养公司相互信任的制度环境，进一步促进关系租金的不断创造。公司的战略意义在于，为了在合作中获得应有的利益，有必要将其纳入特定的约束系统环境。

尽管许多公司都赞同利用商业合作或企业联盟来提高自身竞争力和行业的组织力，但是，在现实中实现企业之间的合作难如登天，合作失败的案例比比皆是。归根结底，有以下几个原因：企业间缺乏信任度（查希尔，1998；安德雷斯和韦纳，1995）；企业间缺失沟通（Loose and Sydow，1994）；每个企业都有不同的解决矛盾的方法（Schuh，2005）；学习能力的差异（D'aveni，1995）和缺乏管理（Kale，2002）。事实上，在更高的层次上，若构建企业伙伴关系或形成企业联盟，该合作关系可以被构建一个不包括企业间经济往来的完整的社会实体，此时，在社会资本的方法下，企业的网络信息、商誉、政治影响和联盟总输出（如能力等）被统一起来（Burt，2003；Tsai，2000）。

企业合作或企业联盟作为整个社会实体的观点，基本观点与资源基础理论观点一致：同样关注过程的研究分支，如关注企业的关系能力、协作诀窍、合作能力、合作核心能力和关系网络能力。他们拥有同样的理论逻辑，都认同公司的合作水平和自身能力的高低决定公司获得关系租金的多少，从而为是否维持合作关系埋下伏笔。“合作能力”是一个笼统的词语，是指公司维持并优化升级其合作脉络或企业间组织活动的所有能力。因此，合作能力是一个多次元的理念，包括企业员工的个人技能和企业整体的群体特征，Oelsnitz 和 Graf（2006）认为可将其分为三个主要维度：①将具有功能性和技术性的管理秘诀作为企业重要资源；②加强对于沟通、组织和管理的包容性；③提高声誉和社会地位，增强社会资本。

为了吸引和挖掘在市场上潜在的合作伙伴，首先，企业必须增强自身实力，拥有独特的技术资源和在技术、研发、营销和市场地位等方面的实力，在合作的早期建设时期，可以帮助提高企业间合作效率获得经济收益。其次，公司在寻找合作伙伴时还需要注意其他公司在管理模式、组织体制和内部沟通等方面的兼容度（罗布森，2002；Dyer and Singh，1998）。但是兼容性并不代表合作企业间在任何方面都一模一样，而无差别。兼容性是指合作企业可以准确处理和包容彼此间的差异。最后，企业社会嵌入性对于提高合作企业间的工作能力和吸引更多合作企业的到来有着重大的影响力（古拉蒂，1998）。企业在社会上的资源资本已经成为企业间进行合作的资格评估标准，是一个企业隐形的、需要长期积累的、独特的能力和资源（Kale et al.，2002；Burt，2003）。换句话说，一家企业在市场中的地位越高，意味着其掌握的社会资本越多，其对合作伙伴的吸引力就越大（古拉蒂，1998）。

二、绿色创新的研究视角

创新的想法实际上来源于中国古代。例如，圣经贤传《易经》中阐释的“易”，包括了“易简一也，变易二也，不易三也”三层意思，这是创化、更新、革命和突变的观点。《诗经》有“文王在上，于昭于天。周虽旧邦，其命维新”，也同样蕴含着创新内涵。《广雅》中，亦有“创，始也”，也说明创新是指从未出现过的事物。《道德经》中“天地万物生于有，有生于无”，更揭示了创新的本质是“有无相生”，有序与无序的相依关系。而《大学》中也有“苟日新，日日新，又日新”。从动态的角度来看，社会进步不能靠自己，需要以土地为媒介进行转型升级，从而步入一个新时代。远古时期的中国不仅在创新思维方面取得很多成就，也体现在政治体制创新和技术创新方面。例如，管仲将古时候土地生产制度下奴隶制的生产方式转变为小规模的家庭生产，有利于社会生产力的提高；东汉的蔡伦发明了造纸术。

虽然创新起源于中国古代的思想层面和个体行为，但创新理论的系统研究起源于西方社会。我们今天所谈论的创新，即创新这个词来自拉丁语，《韦伯斯特词典》中有两种含义：对新事物的介绍或引进产生新思想、新方法、新设备等。这说明创新有两个内涵：第一，就是对已有的进行更新，在其设计新形式或新系统后改头换面以全新的面貌出现在大家面前；第二，就是发明创造新事物，这种事物本来就不存在。

政治经济学家 Joseph Alois Schumpeter 最早提出将创新与经济发展相结合，他创新性地提出经济发展应该是动态而非静态的，即用“循环流动”这个词巧妙勾勒出经济学的内涵。在熊彼特所著的《经济发展理论》一书中，将创新融入经济发展中，赋予创新五种定义，包括技术、市场、原料、材料组织形式和管理模式创新。熊彼特的创新理论是独立于主流经济学，侧重于技术、组织和制度的共同演化，结合古典和新古典学派的研究方法，并借鉴德国历史学派的历史方法，解释了个体行为的相互影响，对整个经济水平的影响决定了经济演化过程。后来，经过 30 年的思想沉淀，熊彼特区分了“颠覆性创新”和“渐进式创新”，今天的知识经济一体化特别适用。Nelson 和 Winter 指出，熊彼特两部作品中所包含的创新理念存在着不同点：《经济发展理论》一书中，企业家将新公司带入市场，而有远见的银行家则通过信贷系统投资于前者的商业实践，创新减少了进入门槛，小型新公司可以在这种环境中发挥重要作用，这是创新的“宽泛模式”；《资本主义、社会主义和民主》一书中，熊彼特讨论相关的研发和技术创新，以及大公司在创新方面扮演着重要角色，大公司建立进入壁垒，防止新的创新，这种创新集群程度高于前者，创新者拥有更大的规模经济，这是深度模式创新。

在创新环境条件下经济学研究的重点是绿色创新。与其他创新行为不同的是，绿色创新作为现代化的经济学，在注重经济价值的同时还需平衡经济与环境、社会价值的关系。这不仅是一个主张构建环境友好型社会的学说，更关注人类与环境间的内在稳定。虽然无论是科学家还是企业家都对绿色创新兴趣盎然，但学术界对绿色创新的真正含义、所有标准、速度水平、实践意义还不明确。但正是绿色创新本身具有的复杂性和独特性，让它包含科学、社会和价值观导向，这使得无论从哪个角度对绿色创新展开研究——研究其影响因素或演化历史，都可以从经济、管理、社会学和生态学视角有新的发现。

来自不同地区和国家、不同专业、不同水平的研究人员也集百家所长，提出各种各样的观点推动绿色创新发展，但也存在一定的负面影响，减缓了绿色创新的发展，阻碍了绿色创新在现有基础上前进的步伐。总而言之，不同的研究观点为绿色创新的发展注入新的血液，经过全面的学习继承发展为后面的研究打好基础。

（一）经济学视角

从经济学的视角进行研究，在充分考虑如何正确使用和合理分配珍贵资源的基础上解释参与绿色创新主体和各个要素构建的组织体制。在以新古典经济学和进化经济学为主体的经济学研究中，在新古典经济学下阐述的环境与创新的内部关系和向外构建的绿色创新密切相关。新古典经济学理论认为，企业绿色创新阻碍企业经济利润的获得。以莱维特和弗里德曼为代表的学派，认为企业在环境保护方面产生的成本过高，所带来的收益不能弥补所耗费的人力物力，所以影响企业利润。

1. 创新经济学

对于创新经济学来说，创新是外在的，创新对于创新者来说是一把双刃剑——收益或风险的取得都是一个未知数，而且会在整个市场行业里引发创新浪潮。从这个角度出发，创新所带来的正向溢出效应更引人瞩目，我们可得绿色创新的一个重要特征。相比于完全重视经济利益的传统创新，绿色创新更关注全社会统一的经济发展，通过进行企业制度、技术、工作流程的更新换代，由内到外增强企业竞争力，为获得更多效益打好第一战，强调减少企业环境负担。知识溢出和环境溢出是传统创新所没有的双重外部性。

2. 环境经济学

对于环境经济学来说，加强企业内部环境管理必须走环境监管的道路。不同于创新溢出效应的创新经济学，扎根于环境经济学的绿色创新更注重脚踏实地，喜欢研究企业间在微观层面所提出的不同类型环境治理体系。在雷宁斯（2000）看来，创新经济学在分析对绿色创新产生影响的不同因素和机制时十分有效，而环境经济学则更适合在政策方面对环境进行评估预算。以波特为代表的修正学派认为，绿色创新在提高生产效率、降低产品成本、取得绿色盈余和扩大竞争优势等方面都有很大优势。有学者认为，环境创新是一种提高生产效率和减少资源浪费的方法，通过降低创新成本，可以减少经济发展对环境的破坏。

3. 进化经济学

进化经济学着眼于不同时代、不同阶级主体之间产生的相互影响和内在关系。1982 年，尼尔森在他的《经济变革的进化论》一书中系统地讨论了演化经济学。他根据达尔文的生物学进化理论讲述了经济学中自然选择过程，并第一次提出进化模型。不同于新古典经济学，进化经济学注重经济在非均衡状态下的发展，从自然的改变到选择与被选择再到扩散。绿色创新是一个有着丰富活力的过程，有很多不确定因素、很多参与者和贡献者。个人、组织、行业和国家之间存在多种级别的互动。在这个变化中，创新主体能否生存下来不仅要看其本身所具有的个体能力和组织水平，还要不断适应外在环境变化的影响，在进化经济学创新系统理论，分析绿色创新的演化过程和进化水平，非常重要且具有挑战性。

（二）管理学视角

管理学视角的代表性理论是两个基础理论和高阶理论，基础理论包括战略和资源，从个体层面和系统层面研究企业绿色创新的过程和规律。

1. 基础理论

（1）自然资源基础观。自然资源基础观构建一个包含自然环境因素的资源基础理论研究格局，认为面对自然环境的挑战，企业应充分利用现有的资源和能力提升企业竞争力和经济效益。在自然资源基础观上，企业的环境效益在多种机制作用下可以转化为经济绩效。例如，Sharma（2000）制定了绿色技术和环境政策，从而建立了奖励机制来刺激创新提高生产力。Hart 和 Weber 希望建立积极的环境政策来推动员工学习的积极性和员工提高个人技能的主动性。Turban 和 Greening 指出，如果一个公司建立高水平的环境绩效，将有利于公司商誉的提升，为公司的潜在竞争力的提升立下汗马功劳。基于自然资源基本理论，组织内所有资源和组织创新能力决定了环境战略和管理实践，如出现组织冗余等情况说明为企业环境效益提升提供了充足的可支配的资源。

（2）战略管理基础观。以战略管理理论为基础的绿色创新注重研究两个方面的影响——企业内部要素对绿色创新意愿的影响和企业绿色创新战略对企业经济利益的影响。夏尔马和弗莱登堡认为，主动型和响应型是企业绿色创新战略的两个主要类型，企业高层对环境保护的支持度决定该企业响应国家保护环境战略政策的参与度。如果高管认为环境问题是提高经济价值的机遇，那么企业树立积极的绿色创新战略的目标会更明确，为避免产生不良环境影响，跟上现阶段的社会形势变化，及时调整改进自己的管理模式和生产流程，可以在竞争市场上遥遥领先；但是如果管理者认为进行环境保护会影响本公司收益，不想承担额外的社会责任，那么公司将在污染末端进行治理，比如表面上响应绿色创新战略、进行防御性游说等。

2. 高阶理论

这个理论于 1984 年由美国知名学者汉布里克和梅森提出，在现阶段被普遍认为是较为成熟的战略理论。高阶理论的核心是一个公司做出的战略选择和经济效益取决于公司高管的意念。但其中可变因素有高管身处不同的环境、高管自身水平能力和高管的心理承受能力。高管的个人水平、三观树立和工作经验有利于帮助其更好地掌握和解释公司情况。当企业面对环境问题时，高管认为这是公司发展的机遇还是阻碍，对公司最后的战略有极其重要的作用。甚至有的学者认为在环境管理风格上超过政府给予标准线的管理者会更好地处理企业的环境战略。一方面，绿色创新有助于企业减少生产经营造成的环境压力；另一方面，绿色创新比其他通过双重溢出性行为有着更高的成本负担和更大的风险压力，并且在高额的成本代价下不能保证相应的利润回报。环境风险的大小和机会认知的程度决定环境问题对企业的重要性，也决定企业对环境保护的响应度。执行环保意识作为一种执行认知表现，可以根据企业高管对环境保护的认识和实践分成两个类型——一般的环境意识和保护环境的意识。前者指企业高管拥有较高社会责任感和社会道德，以减少企业生产生活行为对环境的不良影响为出发点保护环境；后者指高管从追求更多的利润出发，希望通过进行绿色创新降低企业成本，获得更多利润。

（三）社会学视角

从绿色创新的发起者与响应者之间构建桥梁进行绿色创新探索的视角称为社会学视角。其代表理论有利益相关者理论、新制度主义理论和复杂社会网络理论等。

1. 利益相关者理论

20 世纪 60 年代是利益相关者理论兴起的年代。所谓利益相关者，就是对企业目标产生影响的一群人。短期股东利益最大化认为，如果发生企业环保落实违反企业经济目标的行为，其原因就在于实行环保产生额外成本。相关学者研究表明，利益相关者理论就是公司所追求的利益不仅仅是个体的，同时还要兼顾相关人员的集体利益。来自其他利益相关者如消费者、供应商、竞争对手等的压力是影响企业经济业务的重要因素。企业必须积极关注和实时评估利益相关者与企业的密切关系，对企业绿色战略进行及时调整。该理论还指出，企业可以通过满足消费者的绿色需求，吸引更多的合作者，提高企业在市场中的声誉，为企业利益的长期发展奠定良好基础，实现多重竞争，从而提高组织效率，适应外部环境的变化。此外，优势资源对企业绩效的提升发挥良好的作用，有学者认为，随着人们素质的不断提升，绿色低碳产品更能够吸引客户进行高价支付，同时促进销售的增长，所实现的环保绩效使消费者对企业更加信任，降低企业的融资成本，提高企业竞争力。

2. 新制度主义理论

新制度主义理论的主要观点是，企业为应对新制度而进行的组织内部系统优化。20 世纪 70 年代，美国经济学家道格拉斯指出该因素的重要性并将其纳入经济学层面制度的分析体系中。该理论着重分析同质过程，认为企业要获取某些特定资源，就必须做出某些牺牲，对内部的组织形式等进行共享，这样才能实现合理的发展。新制度主义学者迪马吉奥和鲍威尔将这一机制分为三类，即规制同构、规范同构和模仿同构。詹宁斯和赞德伯格首次运用该理论对其特定的环境管理行为做出解释，在此之后，涌现出大批学者在此理论的基础上研究影响企业组织结构和行为的因素。我们认为，环境规制是影响企业绿色创新的重要因素，而来自政府的制度压力则是企业前期绿色行为的主要驱动因素。同时来自外部的监督和监管也是促使企业节能减排、减少废弃物排放、对生产环节进行调整的重要驱动力。有学者提出，在企业转型过程中，能否取得商业和政府合法性对企业取得绿色绩效有重大影响。企业采取低碳环保方式的原因还有取得竞争优势、社会支持以及政府的鼓励。

3. 复杂社会网络理论

1959 年，有学者对复杂网络进行研究，就其定义来说，它是一个具有复杂拓扑结构和动力学行为的大规模网络。1988 年，瓦特和斯特罗加茨在前人研究基础上提出“小网络世界”并建立 WS 模型。此后，该领域大批学者大多研究现代复杂网络。根据网络结构的特征，我们可以把复杂网络分为随机网络、小世界网络和无标度网络。随着社会的发展，创新合作网络逐渐兴起，成为一种特殊的网络形式，并受到海内外学者的广泛关注。它的兴起是在创新技术逐渐呈现多样性的背景下产生的。如果在网络环境下对绿色创新进行研究，绿色创新主体创新技术的流通就是重点。知识经济时代大踏步来临，制造企业间竞争优势取得方式从以前的大规模经济以量取胜变为通过技术创新和技术互补增加利润。在复杂网络拓扑结构设计和大数据网络下信息传递的基础上扩展绿色创新的演化过程，可以为新型绿色企业的创新过程提供网络传播的途径，而且有助于促进绿色创新的扩散。

（四）生态学视角

生态学视角是基于绿色创新参与者以及参与者之间关系视角下，进行绿色创新的研究。可持续发展理论是该层面下的研究成果。

1. 可持续发展理论

发展不是一项永无止境的活动，如果超越生态环境承载能力社会经济发展过程就会停止增长。在很多人看来，可持续发展活动随着经济发展的需要而来，逐步走向全面发展的方向，最终促进可持续发展。在可持续发展的基础上，从单一渠道，逐步走向实施全面发展的领域，注重社会公平的发展。资源和环境是可持续发展的基础。想要发展可持续发展活动，需要从经济、生态、社会三个方面构建立体综合可持续发展系统，促进经济、生态和社会的可持续发展。在可持续发展中，我们要把生态发展作为可持续发展、经济发展的基础，作为可持续发展的必要条件。社会发展作为可持续发展的最终目标，在发展经济的同时注重发展生态环境、自然资源，确保承载力能够满足经济发展的环境，注重和谐统一的利益。随着可持续发展的概念得到广泛应用，越来越多的人参与可持续发展创造活动，全面促进经济、生态、社会等领域的可持续发展，有效维护理性与现实的结合，实现人与自然的和谐、经济发展与环境保护之间的和谐。

由于所处的时代背景并不相同，学者对于可持续发展的内涵理解也不尽相同。就其本质来说，可持续发展具有自然属性。就这一层面，相关研究者提出生态持续性。生态学家指出，可持续发展就是指在对自然资源进行开采的同时，不可盲目开采，要遵循其固有的发展规律和恢复能力，强调其自然属性。经济学家从经济特征的层面进行分析，指出可持续发展就是在不破坏生态平衡的条件下，人类可对其进行合理程度的开发以满足自身社会发展，增进人民福祉，同时还要保证后代也有资源可以利用。社会学家经过研究认为，人类可以在生态环境的承受范围内进行合理开发使用，以提高人们的生活质量和水平。

可持续发展战略涉及范围很广，如政治、经济、文化类别、生态类别、社会范畴、价值等。发展不仅需要注重经济发展，还需要注重文化的发展、健康的发展、技术的发展和环境的发展，注重社会的全面发展。传统的发展模式在运行过程中只注重经济的发展，忽视生态环境的发展，生态环境与经济发展之间相互作用没有得到足够的重视，导致经济活动远远超出自然环境和生态环境的承载能力和自我修复能力。在社会经济发展过程中，忽视了社会和经济的协调发展，忽视了公平正义的生态环境。

绿色创新旨在实现行业的可持续发展，只有走可持续发展的道路，实现减少污染物排放、自然资源的可持续利用和绿色产业的发展。可持续发展理论强调集约型经济增长方式，倡导实施清洁生产和文明消费，节约资源，减少污染物的产生，提高经济效益。因此，绿色创新也是可持续发展的必要条件。

2. 生态文明理论

生态文明研究起源于欧洲和美国。美国作家罗伊·莫里森（1995）在《生态民主》一书中首次提出了生态文明的概念。它是一种高于工业文明的新文明形式。与此同时，随着经济全球化的发展，发展中国家的生态危机也日益突出。

生态文明是人类文明的新形式。它尊重自然，保护自然，遵循人类社会和自然生态环境和谐发展的客观规律，指导人类建立可持续的生产方式和消费方法，促进人类、社会和自然环境的良性发展与和谐。生态文明也是一种文化伦理。人类发展是生态文明的核心要素。生态文明强调人的意识和自律，是人与自然环境和谐共处的关键。任何理论都有自己的特定现实基础，生态文明理论也不例外。随着工业革命的兴起，资源环境与经济发展之间的矛盾逐渐显现。创造并逐步完善生态文明，解决这一突出矛盾。从这个角度来看，生态文明是人类对传统文明特别是工业文明的反映和超越，是经济社会发展的必然结果。

生态文明要求人们在遵循自然法则的前提下积极活跃地利用和改造自然，而不是在自然面前无所作为，这符合物质文明的内涵。生态文明需要自律的人类意识，建立生态理念和环保意识，约束自己的行为，尊重和爱护自然的实践活动，和精神文明建设的重点内容一致。生态文明强调人与自然的协调，是可持续发展战略的思想基础。

通过绿色生产和生活方式实现绿色发展是生态文明建设的重要内容，顺吉黄（2003）认为，生产手段可以通过发展循环经济和绿色产业来实现。

（1）发展循环经济。利用循环经济建设生态文明，利用生态规律而不是机械规律来指导人类生产活动，吸取生态规律的教训，传统经济“资源—产品—污染排放”的单向过程转变为“产品—可再生资源”的反馈过程，以减量化、利用、再利用的原则来调整产业结构和改变人们的消费方式，从治理约束逐渐转向清洁生产，原材料的选择和设计开始遵循“3R”原则，以实现污染源的控制和废物的循环利用，最大限度地减少经济活动对自然环境的

负面影响。

（2）发展绿色产业。发展绿色产业具有以下优势：一是发展绿色产业可以提高自然资源的利用效率，减少资源和能源消耗；二是发展绿色产业可以提高能源利用效率，同时提高能源利用率，可再生能源可以减少温室气体排放，保护生态环境；三是发展绿色产业可以提高产品设计、工艺和设备的质量，加强生产管理，从而减少废物排放；四是发展绿色产业可以尽可能回收各种废弃物，将废弃物转化为资源，通过加强生态文化建设，实现绿色生活方式。

自觉和自律是建立生态意识和环保的重要行为，在促进生态文明建设中有很大的作用。人们通常认为，经济活动和技术落后是资源和环境危机的主要原因，显然，这种认识是肤浅的，自然生态环境的危机不仅包含经济和技术问题，还涉及人们在经济活动中形成的文化观和价值观。只有改变人类的文化理念和价值观，树立和环保相适应的生态保护理念，价值观，改变人们的非理性消费习惯，在全社会形成资源节约、低碳环保、绿色、健康的生活方式，并作为社会主义核心价值体系的重要组成部分。

党的代表大会明确提出生态文明的概念，在撰写的各种报告中，生态文明建设已成为全面建设小康社会的目标之一，是党的十八大提出的新要求，从发展的角度来看，我国一直倡导经济、政治、社会、文化和生态五位一体的综合发展。生态文明不是独立存在的，它可以整合为五大领域。所谓发展并不是过去所说的单纯的经济发展，而是包括生态环境发展的绿色，是一种可持续的发展，与环境保护“金山银山”和“青山绿水”的可持续发展相统一。

三、绿色创新的定义和动力源

为了保护生态环境，我们要提倡绿色创新。但有些企业为了单纯的经济增长，它们的一些做法已经严重破坏生存环境，各种环境污染已经严重影响我们的生活：地球的大气层被破坏，频繁发生恶劣天气，人类的健康也遭到威胁。习近平总书记在《深入推动长江经济带发展座谈会上的讲话》中指出，正确把握生态环境保护和经济发展的关系，探索协同推进生态优先和绿色发展新路子；推动长江经济带走探索生态优先、绿色发展的新路子，关键是要处理好绿水青山和金山银山的关系。因此，全社会都在提倡可持续发展的生产方式和绿色创新的理念。无污染生产、节能环保技术、绿色技术和绿色设备制造等清洁可持续发展方式促进绿色创新的进步。其作为经济发展的新动力，使国家、工业和企业的发展遇到前所未有的机遇。学术界加强对于这一形势的关注。我们回顾了与绿色创新相关的文献，发现关于绿色创新的研究正在不断增多，逐渐成为企业管理领域讨论的焦点。但是，目前关于绿色创新的研究仍处于萌芽阶段。

（一）绿色创新的概念和特征

1. 与绿色创新相关的概念辨析

目前的研究中有许多与绿色相关的概念，它们只强调绿色但不突出创新，如绿色经济、绿色技术、绿色营销、绿色供应链

等。人们基于技术创新的角度提出环境技术创新、绿色技术创新和生态技术创新等概念，但是以上观点强调技术创新，考虑的问题比较单一，不能概览有关绿色创新的全貌。20 世纪 90 年代中期，更广泛的相关概念被使用，有关可持续发展的文献开始在技术、管理、组织和系统方面使用环境友好型创新，使用生态创新和环境创新等研究来支持企业的可持续发展。清洁生产在商业策略与环境等国外期刊相关主题文章的综述中指出，生态创新、可持续创新、环保创新与绿色创新经常混用，可见它们之间概念相似。

早期使用的两个概念是环境创新和生态创新。目前学术界对环境创新的定义是环境创新包括那些有利于环境及其可持续性的、全新的或改进的流程、实践、系统和产品等的创新。OECD 对生态创新的定义引用频率最高，其对生态创新的定义是“与相关替代方案相比，创造或实施新的或显著改进的产品（商品和服务）、过程、营销方法、组织结构和体制安排（不管是否有意识）以带来环境的改善”的创新。近年来，绿色创新和可持续发展的概念也逐渐被使用。Chen（2006）把绿色创新定义为“与绿色产品或过程相关的硬件或软件创新，涉及节能、污染预防、废物回收、绿色产品设计的技术创新，或企业环境管理等”。可持续创新理念目前是理论界关于生态理念较新的概念，可持续创新是“可以促进可持续绩效的创新，这些绩效包括生态、经济和社会标准”。

根据学者的观点，环境创新强调不需要过多关注创新的商业价值，它的宗旨在于有益于环境，是一种能够明显减少对环境产生负面影响的创新。生态创新明显区别于环境创新，不仅要考虑对环境的影响，还要考虑商业价值。OECD 认为，生态创新的范

畴比较大，只要是能改善环境的创新都应该归属于此范畴。在市场经济活动中，对于企业而言，可持续发展是其生存的前提，因此站在企业的角度，任何形式的创新都必须考虑其商业价值和经济价值，绿色创新有目的地追求环境绩效和经济价值，因此绿色创新重点在于内容导向。理论学者认为，除了追求经济和环境效益外，可持续创新术语的主要区别在于更广泛的社会和道德方面。

在区分这些概念的基础上，理论界普遍认为这些概念的主要特征是环境友好型和可持续发展，因此它们区别于一般的创新。根据众多学者的观点，生态创新、环境创新、绿色创新、可持续创新等概念是可以互换的，虽然在关于它们的描述上稍有差别。自 2005 年以来，绿色创新概念的相关研究呈现井喷式发展。越来越多的管理者习惯使用这一概念，在管理领域的使用更加突出。基于此，本书使用术语“绿色创新”。

2. 绿色创新的概念

有学者总结了若干相关文献，认为这些文献中绿色创新、环境创新、生态创新和可持续创新的定义主要聚焦于六个方面，即创新对象（产品、过程、服务、方法等）、市场定位（满足市场需求、提高竞争力）、环境绩效（减少对环境的负面影响）、角色阶段（考虑整个产品生命周期）、创新动机（出于经济或生态原因）和创新水平（为公司制定新标准）。

国内从事相关研究的学者认为，对环境的影响是各种不同定义突出的重点。在此基础上，学者对绿色创新的定义分为三类：其一，绿色创新等同于环境绩效改善的定义；其二，引入绿色创新对环境绩效的定义；其三，减少对环境负面影响的绿色创新定义。虽然学者关于绿色创新定义的表述各异，但核心的观点在于

创新对环境保护的积极作用。

在这些定义中最突出的要点是：①创新目标：产品、过程和业务活动、管理等；②创新目的：减少对环境的负面影响，实现企业的可持续发展。基于此，站在商业的角度，本书认为，绿色创新是对产品、过程和管理方式的改进，以减少对环境的负面外部性，实现可持续发展，以及所有促进环境改善的创新活动。

（二）绿色创新的动力源

一般的创新理论侧重于技术进步和市场需求促进技术创新，但是基于绿色创新独有的特点，注定绿色创新区别于一般的创新活动，更加重视创新对环境的影响作用。因此，除了考虑技术与市场是绿色创新的动力来源，环境对创新的影响也需要引起足够的重视。目前，学术界关于驱动绿色创新的动力形成比较一致的观点，即二源驱动力模型、三源驱动力模型和多源驱动力模型。

1. 二源驱动力模型

二源驱动力模型主要是指 20 世纪 80 年代初提出的技术市场推广模型，如图 3－4 所示。该模型认为，企业绿色创新的驱动力主要包括两个方面，即技术驱动力和市场拉动力。当技术推动和需求结合在一起时，将促进绿色创新的成功。技术因素包括现有技术水平、技术机会、技术发展趋势、绿色技术基础、技术独占性、知识储备、绿色创新资源投入能力等。市场因素主要包括市场需求、市场竞争激烈程度、市场前景预测、市场成长性、产品质量、市场结构和创新利润等。技术和市场因素与企业绿色创新的能力、动力、压力和创新决策密切相关，科技进步是企业绿色创新的源泉，市场需求决定企业绿色创新的发展方向，在两者共同作用的推动下企业绿色创新快速发展。

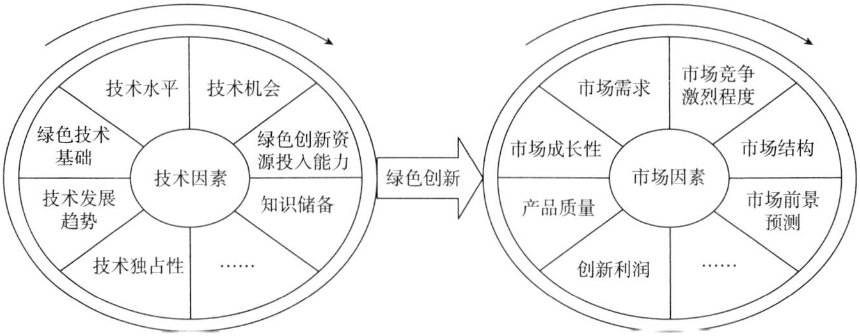

图 3 –4　二源驱动力模型

2. 三源驱动力模型

三源驱动力模型被普遍应用，三源驱动力主要从技术、市场和环境方面考虑对绿色创新的驱动，如图 3 –5 所示。

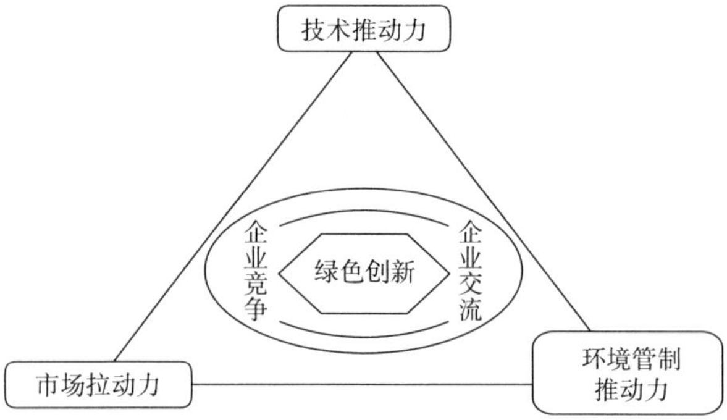

图 3 –5　三源驱动力模型

企业绿色创新行为受技术、市场和环境管制的影响，三者共同作用。这三种不同的功能在绿色创新体系中动态因素影响着制度变迁的行为，驱动着企业绿色创新体系循环。环境管制是实施绿色创新的前提，在缺少环境管制的情况下，企业会选择路径依赖继续进行传统创新而放弃绿色创新。市场需求是企业绿色创新的基础，在市场经济中企业追求的是利润，当市场上有足够的需求并且可以产生利润时，企业才会转变发展方向，由传统创新走向绿色创新。技术构成是企业实施绿色创新的根本保证，只有在技术上实现突破，企业才有可能进行绿色创新。

3. 多源驱动力模型

绿色创新的多源驱动力模型如图 3 –6 所示。

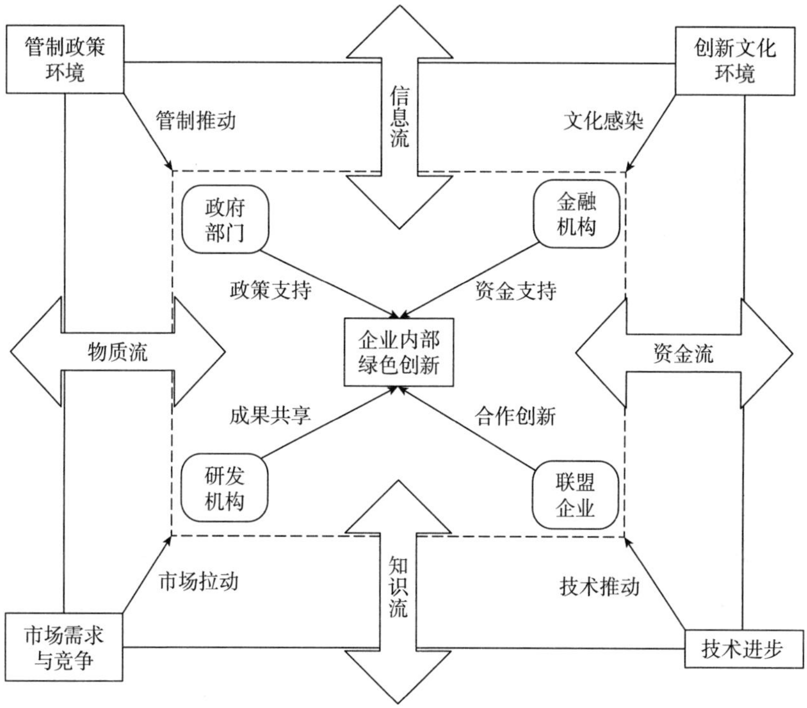

图 3 –6　多源驱动力模型

绿色创新的多源驱动力模型认为，绿色创新行为的驱动因素不仅包括技术、市场和环境，而且还有其他因素发挥积极作用。

因此，基于三源驱动力模型，多源驱动力模型认为，绿色创新行为的驱动力受诸多方面的影响，包括来自企业、政府、研究机构等创新实体，在创新和信息技术知识的交流以及利益等各种因素的驱动下，形成绿色创新的动力循环机制。政府政策支持、创业精神、企业内部激励、企业制度结构、政治经济变化、环境监管压力、企业文化诉求等都是影响企业发展绿色创新的重要因素。政府的支持和金融机构的财政支持增加了绿色创新的资金流动，外部环境因素带来信息流，外部联盟企业、高校和科研机构合作开展绿色创新研究，实现创新成果的共享和反馈，增强企业绿色创新的驱动力，提高企业的创新能力和竞争力。这些来自社会各个层面的各种因素共同作用，为企业绿色创新提供持续的动力来源。

（三）绿色创新动力的形成

绿色创新动力的形成过程在理性的市场经济环境中，企业能够获取的经济利润是企业绿色创新的主要驱动因素。收益预期决定相关企业是否进行绿色创新，而企业的绿色创新收益是在市场竞争中实现的，企业绿色创新的形成过程是不可避免的，与绿色创新的收益相关联。在内部和外部环境影响下的绿色创新，可以为企业创造需求，可以增加投资在绿色创新活动的水平。通过整合企业的内部和外部资源，开展绿色创新和生产活动，可以为企业带来绿色创新成果的输出。相关生产企业能够通过绿色创新在市场上获得收益，进而增强企业进行绿色创新的动力。企业绿色创新的决策行为在创新动力的影响下趋于优化，并在持续的反馈和加强下，企业绿色创新的需求进一步提高，形成一个绿色创新动力循环系统，从而促进绿色创新的发展。

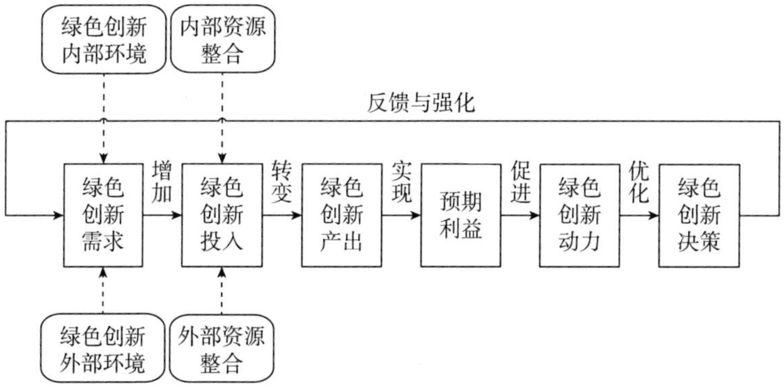

图 3-7　绿色创新动力的形成

四、企业绿色创新的动力因素

（一）企业绿色创新内部动力因素

Chen 等认为，在组织内部因素中对绿色创新有重要影响的因素包括管理学（IS）、文化（价值观）和能力。对内部驱动因素的研究热点聚焦在对企业高层管理者角色的研究上。在现有文献的基础上，本书对内部影响因素进行整理分析，涉及的方面主要包括内部环境管理（管理体系）、组织能力、管理者的作用和组织基本特征等方面。

1. 环境管理

环境管理体系（Environmental Management System）是整个组织管理体系的一部分，包括制定、实施、实现、审查和维护环境政策所需要的组织结构，计划活动，机构责任，实践，程序，流程和资源，组织的环境政策，目标和指标的管理等方面。许多学者都重视内部环境管理体系的作用，这是因为内部环境管理被认为是企业内部积极的环境管理实践，也能很好地解释公司业务绩效和企业环境的变化因素。

从企业内部来看，环境管理体系可以通过对企业生产的产品生命周期各个方面的控制来预防和减轻对环境的负面影响，进而帮助绿色创新的实施和发展。从合作的角度来看，企业可以通过对供应链上合作伙伴的积极引导，以获得更环保的原材料和组件，然后促进环保绿色产品的设计和生产内部实施的环境管理系统也被认为是公司处理环境法规强大但相对隐含的组织能力之一。相关学者的研究表明，环境管理体系可以对企业产生直接性的影响和间接性的影响。就直接性的影响来说，环境管理体系迫使企业建立相关的组织架构和实施计划，从而完成环保目标；从间接性的影响来看，更加侧重于服务，包括提供相关的信息，使企业能够从源头治理，帮助企业进行资源规划、设计合理的回收渠道，帮助企业进行绿色产品设计。企业绿色创新计划的实施和采纳受组织资源以及绩效监测系统的影响。因此，企业具有强大的组织能力，绿色创新将会受到推动。也有观点认为，内部环境管理体系并不能直接推动绿色创新，它只能发挥调节剂的作用，即缓解利益相关者和制度之间的矛盾。更有观点认为，内部环境管理体系会阻碍创新。

2. 组织能力

企业组织能力指的是企业在生产经营过程中形成的能力，组织内部结构和过程的合理运作是这种能力的体现。企业能够充分利用这种整合和重构内外部资源对动态的外部环境做出反应，从而在战略上建立竞争优势。组织能力被认为是企业绿色创新的主要驱动力。有学者使用 Heckman 选择模型对影响企业绿色创新的因素进行分析。根据研究结果，企业凭借其在源头削减、资源回收、污染防治、绿色产品设计等方面，能够有效地促进企业加大对绿色创新的投入。但是要考虑组织能力的实效性，如果不能很好地适应市场变化，那么对企业绿色创新就没有积极影响。企业参加市场经济活动是要靠利润来驱动，获取利润是企业生存的根本，因此在组织能力中的盈利能力对企业的绿色创新至关重要。绿色创新属于科研活动，在前期需要大量的资源投入，包括劳动力、资金、技术和原材料等，只有实现盈利才能开展绿色创新活动。当企业有很强的盈利能力时，管理者更愿意在环保技术和管理系统上投入更多。绿色创新和盈利能力是相互促进的，盈利能力较强可以保障绿色创新；进而，当绿色创新能力较强时，也会提升企业的盈利能力。此外，Ramanathan 等学者还强调将企业创新灵活性提升为绿色创新。他们认为，只有企业拥有足够的灵活性，才能在创新上有突破，能够为绿色创新提供内外部资源和能力，以满足环境监管的要求。

3. 管理者的作用

管理者认知在绿色创新中的作用越来越明显。依据相关理论，企业管理者尤其是高级管理者根据个人经验和知识，使用不同的方式以不同的认知模式处理环境问题。现阶段的研究关于管理者对绿色创新的作用主要表现在以下几点：

（1）企业管理者对环保的意识。绿色实践和绿色创新的内在动力在于环保意识。相关学者强调环境意识在绿色供应链管理研究中的重要作用，管理、竞争和市场等因素对环保意识产生重要影响，环保意识是企业实施绿色管理的关键。从管理者的角度出发，当前研究主要在两个方面进行归纳。其一，管理者对企业行为产生环境影响的风险意识；其二，管理者对环境保护的行为给企业带来收益。学者们认为，在社会舆论和道德的压力下，高管对环境风险的认识度越来越高，他们在决策时选择对环境影响较小的策略的可能性也越来越大，从而促进绿色创新，即道德驱动型创新。当企业管理者既有较强的环保意识又兼顾企业盈利时，决策者更倾向于选择绿色创新来提升企业绩效，即所谓的效益驱动型创新。在此基础上，相关学者研究了中国企业在环境保护风险意识中的作用，以及高管在环境保护和企业生态创新中的环境保护收益意识，研究结果表明，在风险意识和收益意识的作用下，企业高层的环境意识会影响企业环保导向与生态创新，进而表明企业高层的环保意识在企业绿色创新中的重要作用。

（2）管理者的承诺和支持。高层管理人员的承诺和支持对绿色产品创新至关重要，因为它可以促进环境问题与产品创新过程中其他功能问题的整合（Pujari，2006）。高管的承诺和支持长期以来被认为是内部环境管理的一个重点，也是企业创新的重要驱动力。有学者认为，绿色组织包含行政支持，为了减少违法带来的损失或对企业声誉造成的负面影响，企业高层在外界的压力下将会支持绿色创新战略。同时，考虑到社会声誉，企业高层的承诺对组织结构的发展至关重要，这是环境运营和绿色创新的内部保证和支持。与一般创新模式类似，绿色创新也需要企业多个部门和职能机构的配合和支持，如技术部门对绿色创新技术的开发和支持、产品创新的环境数据分析、生产过程中的环境数据分析和问题处理等。如果缺乏强有力的领导和企业高管的具体支持，产品环境问题的创新解决方案将步履维艰。根据其他相关研究，尽管行政人员的支持将积极推动企业的环境文化，但对环境实践的执行支持不一定直接影响面向过程和面向市场的绿色创新及其市场化。

（3）管理者对环境的关注。除管理者的环境意识、承诺和支持之外，企业高层对于环境的认知态度逐渐得到关注。有的学者认为，在企业高层的积极态度和关注下，企业的绿色创新战略能够得到很好的执行，而对环境保护的关注将带来持续的承诺和支持。企业高层管理者对环境的关注将积极推动企业对环境问题的应对，从而在企业的绿色创新战略中发挥重要作用。学者们的实证研究表明，积极关注和高度关注环境管理的管理者更有可能促进绿色创新。Hojnik 和 Ruzzier 探讨了管理者对环境的关注在其绿色创新与企业绩效实证研究中的作用。他们的研究表明，管理者的关注可以激发企业对环境问题的关注，进一步对企业绿色采购的供应链产生影响，对企业的生态创新过程有推进作用，从而促进企业的生态产品创新。尽管目前认为企业高层对环保的重视是推进企业实施绿色创新的关键因素，但是在已有的研究中对其还相对缺乏。

此外，管理者的性别、年龄、职位、教育水平、工作年限等其个人特点也逐渐成为学者研究的课题。相关研究表明，女性具有更强的社会责任感，也有持有相左观点的学者。绿色创新对年轻人的驱动更明显。在教育水平方面，高等教育水平的管理者对绿色创新有正向作用。有相关研究表明，工作年限较长的管理者有更多的工作经验和丰富的知识，更容易整合企业各部门的资源，解决绿色创新中的各种问题，促进绿色创新的实现；与之相反的观点认为，工作时间较长的管理者更容易形成思维定势，从而阻碍绿色创新的实施和推广。

4. 组织基本特征

根据已有的研究观点，企业绿色创新的内部影响因素包括组织的年龄、大小、业务性质和行业组织。在具体实证研究中，上述变量对企业创新影响的程度并不相同。有研究结果表明，企业规模显著影响企业绿色和非绿色创新。但是也有证据表明，企业年龄不会对绿色创新产生影响。Amores-Salvado（2014）认为企业的规模和企业的年龄可能会影响企业的绿色产品创新和绿色企业形象。因此，他们使用企业规模和年龄作为控制变量。实证结果表明，这两个控制变量没有对业务创新和性能产生较大的影响。

此外，商业运作的性质也经常被学者们考虑。相关学者把机构控股设为调节变量，探讨股份制公司不同的经营特征，即机构控股的低份额和公司所有权下公司治理的高份额，这对公司绿色创新有着不同的影响。结果表明，不恰当的企业管理模式会对企业的绿色创新产生不利影响。更有研究表明，低比例的机构持股将加剧这一现象。根据企业经营地域性质的不同，可以把企业分为国内公司和国外公司，并探讨国内外公司在创新支出和技术转让方面的不同行为。研究结果表明，这两项创新支出均具有明显作用，但技术转移仅对国内企业具有显著性，而对国外企业不具有显著性。有学者对三家美国国有公司进行实证研究，以探讨不同所有权制度对企业环境管理的影响。他们认为，上市公司具有较强的互补性。实施环境管理的能力能够降低环境管理体系和其他环境行为的采用成本。

对于中国学者来说，业务操作的性质也是一个重要的研究因素。根据我国实际情况，企业国有和私有的性质在某些方面可能有很大差异，这些特点更容易成为研究的焦点。国内相关学者研究中国100强企业，把公司规模、商业和工业的性质作为控制变量，将企业分为国有企业和私营企业。研究表明，绿色创新受企业所属行业性质的影响，但业务操作的本质没有对绿色创新产生重大影响。

在测量方面，企业年龄通常是指企业存在的年数，还有学者将企业发展阶段作为划分企业年龄的依据。例如，Cai将1～3年的企业看作初级阶段，4～8年看作成长阶段。企业规模通常是衡量员工的数量，通过员工数量来衡量企业的规模一般包括两个方面：一是对企业员工人数求对数；二是企业就雇员人数分类，即根据不同数量的员工将企业分为大型企业、中型企业和小型企业。

时间识别、公司治理、团队协调等是除了上述内部因素外，先存在的驱动企业内部绿色创新的因素。例如，根据有的专家学者的观点，影响企业绿色创新的因素之一包括良好的公司治理。企业之间的利益是通过企业内部正式或非正式的企业治理制度来实现的，确保公司的决策具有可行性和有效性，并维护相关方的利益。根据现有研究，有的学者认为，企业治理与绿色创新这两者之间存在着互动关系。对于企业而言，较好环境绩效的保证是良好的管理和治理体系。对于企业管理者来说，在严格的公司治理下给企业带来的压力促进了企业的绿色创新；对于治理混乱的企业来说，其绿色创新的效果较差，其中无效的企业治理可能是绿色创新的主要障碍。绿色创新也被视为公司治理的一种新模式，从另一个角度来看也促进企业治理的发展。有的学者从相对较新的视角来探索企业的时间认知对绿色创新的影响。实证研究结果表明，时间认知的两个维度包括长期导向和多元性时间观，它们对企业绿色创新有不同的作用，绿色创新的长期定位产生的积极作用较为显著，多元化的时间观念只对绿色过程创新有显著的积极影响，也是积极推动企业绿色过程对绿色产品创新的作用。也有许多学者把焦点聚集在企业内部技术上，认为企业内部研发可以促进技术的发展，进而引发绿色创新。还有学者认为，可用技术可以提供综合能力的创新绩效，成熟的技术可以促进企业的绿色创新，因此绿色创新的重要内在驱动因素之一就是技术优势因素。

（二）企业绿色创新的外部动力

如今，企业发展日新月异，技术更新换代加快，为了提升竞争力，提高生产效率，缩短产品生命周期，兼顾甚至超过环保对行业的要求，企业必须加大对环境管理和绿色创新的投入。这些外部压力可以促进企业的绿色创新。此外，学者们还从多个方面探讨了企业绿色创新的外部驱动力。总体来说，现有的研究主要表现在以下几个方面：

1. 监管要求与政府环境规制

监管要求和政府环境规制是学者们最关注的外部因素。波特假说理论阐述了政府环境规制与绿色创新之间的关系。依据其观点，适当的政府环境规制能够促进企业创新，从而形成竞争优势。其中，Porter 和 Van der Linde 等在分析人们的行为时发现，越来越多的企业关注环境法规，且重视程度加深，但是却不愿受环境保护的限制，认为企业的竞争力会被政府环境规制削弱。例如，荷兰花卉产业认为，花卉种植与环境之间的关系可以通过闭环系统得到改善。相关学者认为人们关注的重心在环境监管带来的静态成本，殊不知创新能够带来更多的收益。企业进行创新行为带来的收益往往能够弥补环境监管的成本投入和企业的亏损，不仅如此，在创新行为的驱动下，企业凭借创新技术也能加强在市场上的竞争力。在创新的作用下，收益和环保可以实现双赢，从而颠覆经济效益和环境保护不能结合的观点。这一现象引起学者一系列研究。根据 Antonioli 等的观点，环境法规是企业绿色发展战略和创新的重要因素。Zhao 和 Sun 根据波特假设理论对 2007 ~2012 年中国污染企业面板数据进行实证分析。研究结果表明，灵活的政策环境规制对企业绿色创新和环保实践具有正向的影响。但是，它却不能提升企业的竞争力。也有些学者对波特假说持怀疑态度，例如 Simpson 和 Bradford 根据一些失败的案例，认为在环境政策的作用下不一定能够促进企业的绿色创新，也不一定给企业带来符合要求的利益。

一些学者对波特假说进行了细分，分为狭义波特假说、弱波特假说和强波特假说。根据 Jaffe 和 Palmer 的研究观点和分类，狭义波特假说强调企业的绿色创新受到政府的灵活监管程度比传统监管更加有效。弱波特假说考虑精心设计的环境法规，这一政策能够对企业创新产生影响，但没有证据证明它对企业是好是坏。强波特假说认为，这种环境调节会给企业带来好处，即可以增强企业的竞争力。也有学者研究表明，企业在面临灵活的环境法规时，可以有更多的自由来满足监管要求，那么创新能力将显著影响企业的财务绩效。相反，面对非弹性监管，企业的创新能力对财务绩效的影响效果不是那么显著。

除了强调基于波特假说的政府监管作用外，许多学者在其他方面也开展了监管要求和政府监管对企业绿色创新作用的研究。李巧华和唐明凤的研究强调了政策法规对促进企业绿色创新的作用。李怡娜和叶飞在基于新制度主义的基础上，开展了制度压力与绿色环境实践与企业绩效关系的研究。根据研究结果，政府强有力的环保法律法规将会使企业积极促进绿色实践，而引导、激励性法律法规发挥的作用不是那么明显。Chan 等（2016）基于权变理论，探讨了国家环境法规（如废水排放和清洁生产法规）和国家资源保护条例对企业绿色创新的影响。他们的研究结论与波特的假设一致，即在环境压力的作用下可以促进企业发展绿色创新并且企业能够从绿色发展中获取利润，进而抵消实施环境管理的成本，使企业在市场中的竞争更加有力。他们进一步研究证实，企业在动态环境中追求绿色产品创新，可以从成本效率和盈利能力两方面更好地提升业务绩效。根据 Hojnik 和 Ruzzier 等的观点，政府可以通过企业指挥控制措施（环境法规）和经济激励措施（优惠补贴等）促进企业绿色创新。

2. 市场需求与客户压力

在现有的研究中，除了政府法规的激励和强制性影响外，市场需求和客户压力对企业环境行为和绿色创新的影响也是学者关注的焦点。根据创新获利理论的观点，绿色创新所涉及的范围不仅仅包括环境保护技术、产品和服务的研发，还涉及商业化，可以在开发新事物后将其推向市场并获得收益。市场因素经常与其他因素相互混合共同作用，例如，Chen 等认为，综合考虑市场拉动、技术推广和环境监管对中国不同地区绿色创新的影响不同。根据学者的研究观点，市场拉动对企业的绿色创新有重要的推动作用。Hojnik 和 Ruzzier 审查了 155 份关于企业绿色创新的文件，认为法规和市场拉动因素处在支配地位，并且是企业绿色创新的最重要驱动因素，其他因素都受它们的影响。Horbach 提到供应方和需求方绿色创新的决定性因素，在需求方的市场需求（社会对清洁生产需求的关注，对环保产品的偏好等）作用下，绿色创新将会起积极推动作用。当市场需求处于不稳定状态时，企业面临不确定的投资回报的概率加大，因此它们面临很大的金融风险，这将会导致没有创新。Saez-Martinez 等对过去 10 年中企业的创新战略和行为进行分析。研究结果表明，绿色创新的发展具有路径依赖性，识别市场机会的市场导向型创新者将更积极地参与绿色创新。

与市场相比，客户的需求更加具体和关键。有学者认为，影响企业绿色创新的三个重要因素是需求因素、组织能力和严格的环境条例。Baldassarre 等基于利益相关者理论，认为包括客户在内的不同利益相关者是企业产品和服务创新的重要驱动力。Bar 通过实证研究表明，响应客户需求变化的组织灵活性变化有利于将绿色创新融入企业的不同活动中。根据 Genis-Grube 和 Ogiit 的观点，对于处在供应链中的企业，如果它们的客户跨度（即拥有更多客户）增加，将会促进企业的创新水平，从而更进一步推动企业的再创新，从而形成良性循环。尤其是在产品创新方面，为了提高环境绩效和工艺创新以提高材料效率，客户要求是绿色创新的重要因素。除此之外，客户的环境导向也被认为是积极推动企业环境创新的因素，有关学者通过实证研究证实了企业生态管理创新受到客户环境导向的积极作用。而在生态产品创新方面，有研究者认为，作为客户，当环境保护要求特别高时，会增加投资和企业的研发压力。因此，在上述因素的作用下，企业可能更加犹豫不决而不是进行创新，所以客户的环保取向以倒 U 型影响企业的生态产品创新。

与需求相比，客户压力反映客户的主动性，客户的需求也在不断变化，对企业的影响更为显著的是那些重要客户。依据 Huang 等的观点，目前对客户压力对企业绿色创新及其绩效产生影响的研究较少，并且客户压力对绿色创新研发投入起至关重要的作用。在企业供应链关系中，客户对环境保护的要求较高，如果企业无法满足客户的需求，客户将会投入一定的资金来促进企业绿色创新的发展。也有学者认为，企业采取绿色创新的重要激励因素之一就是客户压力，是因为客户对生态信誉良好的产品更加青睐，这样会给企业更友好的环保运营以支持。同时，企业为了提高在客户心目中的形象，将更愿意通过绿色战略和务实创新来提升自身的环境形象，从而提升企业的竞争优势。随着供应网络的全球化，对于中国企业来说，海外客户对企业绿色的压力越来越大，起着越来越重要的作用。

3. 技术推进与外部合作

技术是创新的重要因素，越来越多的学者对技术进步在创新中的重要作用展开研究。与环境保护相关的技术开发被认为是企业绿色创新的重要组成部分。Bar 对渔业加工行业进行了研究，发现对加工设备的环保要求越来越高，并且技术迁移是企业绿色创新的重要驱动因素。根据 Horbach 等的观点，特别是供应方面的技术推广是企业绿色创新的决定性因素。Saez-Martinez 等认为，企业生态创新的关键因素也包括企业的技术轨迹。有学者认为，即使监管工具可以加强创新和改进，但是仍然需要技术支持和对新技术的全面部署。持续创新不仅需要企业开发新技术的能力，而且需要企业考虑如何把新技术与企业的内在功能联系起来。组织层面上的研究通常没有明确影响创新能力的因素或帮助企业产生营销创新的机制。外部技术的发展能够为企业采用低消耗的新技术（如清洁生产技术）提供可能性，特别是竞争对手的新材料、新技能或新设备的突破都能促进企业创新。

对于企业创新而言，拥有自主的高端技术和从市场上获取需要的新技术都很重要，但是现实中存在各种不可预知的风险，使企业获得一些新技术并不是那么简单。另外，技术风险也会影响企业的商业决策，进而对企业的绿色创新产生影响。尽管企业的创新会受到不确定性的阻碍，但是有学者坚持认为，成熟的技术和高效的生产会对企业的创新产生积极的刺激作用。不过根据一些学者的观点，技术推动只是传统意义上的创新，而不是绿色创新，只有在相关环境保护技术的作用下，才可以有效地促进企业绿色创新。与传统创新不同，绿色创新需要不同的行动计划，包括公共资金、合作和其他具体支持措施。因此，对于供应链中的企业而言，企业的绿色创新虽然受外部压力的影响，但与外界的合作在企业的绿色创新和环保实践中也发挥重要作用，促使企业与外界合作，更积极地参与各种与环境相关的创新。有的学者认为，与环境保护相关的创新需要来自不同组织之间的合作。当企业与外部企业合作并且形成更有效的外部网络时，它们开展环境保护活动的可能性更大。Saez-Martinez 等的研究表明，通过合作能够及时获取市场机会，这也使那些寻求机会并继续与其他市场参与者合作的企业更倾向于开发与环境保护相关的绿色创新。特别是对于刚刚成立的小企业而言，如果它们能够及时与其他市场参与者建立合作网络，并努力提高技术能力，它们将通过创新减少对环境的影响。依据 Inigo 和 Albareda 的观点，企业以更加开放的姿态进行创新战略，与其合作伙伴共同创新的解决方案可以推动协作创新。

当前的研究中合作对绿色创新的影响主要表现在以下几个方面：

首先，突出与下游客户的合作对绿色创新的影响。客户创新发挥重要作用，因此与客户合作也是当前重点研究的外部合作问题。根据 Bar 等的观点，企业与客户的密切合作可以增加绿色创新公司的设备。根据 Lee 等的观点，许多制造企业通过采用绿色供应链管理，可以提高环境管理实践，并且与客户的合作是企业绿色供应链管理实践的一个重要组成部分，有利于促进企业创新。

其次，突出与上游供应商合作对绿色创新的影响作用。越来越多的学者和从业者重视供应方面的理论和实践。Huber 等对德国企业的实证研究表明，在供应链的上游和下游都会发生技术创新。因此，企业应该注重与供应商的合作，进而提高企业绿色创新能力和绿色创新的质量。Lee 和 Kim 对韩国的 6 家企业进行研究。研究结果表明，制造企业产品绿色化的一个关键因素是与供应商的合作，与供应商的战略合作将促进绿色产品通过技术集成而进行创新。上游供应商会对下游供应商的绿色创新产生影响，上游供应商通过投资创新生态，可以降低单位生产成本、提高产品单位环境绩效，并增强消费者对产品的青睐。

最后，研究所有利益相关者之间的相互合作和企业绿色创新的关系。根据 Cai 和 Zhou 的观点，将客户、竞争对手、供应商、终端消费者、大学和研究机构、环境保护机构、媒体和地区居民归为利益相关者。他们的研究认为，这些利益相关者会根据自身的利润预期和行为推动公司的绿色创新。Baldassarre 等认为，与利益相关者互动，进行相关创新的企业能够广集民智，有助于促进创新方案的解决。也有学者研究利益相关者对企业生态创新的影响，包括政府、客户和竞争者。根据研究结果，不同的利益相关者对企业的生态创新有不同的影响，更多的是积极的、重大的影响。

（三）企业绿色创新和竞争优势

企业要想形成长期的竞争力，必须建立自己的竞争优势。为了研究绿色创新行为对企业竞争力的影响，许多学者把企业的竞争优势作为绿色创新的结果变量。

根据竞争优势理论，可持续竞争优势的内在驱动力是持续创新能力。Porter 和 Uander Linde 等认为，在全球竞争环境中，企业会因抵制创新而失去竞争力。全球化为企业从任何地方获得低成本的投入提供可能，由于参与全球化的企业都可以利用这种优势，最具竞争力的企业通常不是能够以最低成本获得输入资源的企业，而是那些在输入中使用最先进技术和方法的企业。技术变化日新月异，要想提高全球竞争力，就必须具备快速创新的能力。根据相关学者的观点，竞争力与环境之间有非常密切的关系，处理和应对环境问题是企业乃至整个国家整体竞争力的重要指标。只有成功创新的企业才能获得环境带来的商机和优势。

Dong 等研究了不同类型的绿色创新（最终创新、组织创新、流程创新和产品创新）对公司业绩和竞争优势的影响。根据研究结果，由于该末端并不是主动迎合政府环保法规而是被动接受，它的目的是达到标准，并没有动力进行发展，也就对企业的竞争力形成阻碍。流程、产品和管理的创新是基于企业对市场需求的积极响应，关注企业社会责任，抓住机遇，提高资源效率和实现长期愿景的创新。因此，它将促进环境绩效，也将积极提升企业的竞争优势。根据 Chan 的观点，绿色创新可以帮助企业获得利润，抵消治理环境的成本，增强企业的竞争能力。当企业面临不良竞争时，必须通过创新获得先发优势，提高技术壁垒，进而提高企业竞争力。

第四章

生态文明视角下绿色创新模式

经济学家熊彼特第一次给出创新的相应概念。他将创新视为一个知识创造的过程，是通过知识、创意和人的能动性能够将科学技术转化为经济效益的过程。在生产过程中，对经济利益的追逐是企业的本质特征，基于技术引领、政府支持和市场推动创新动力的绿色创新推动因素，探讨绿色创新的模式变得尤其重要。揭示不同驱动力下的绿色创新模式，整合技术、政府、企业的特质，将企业内外部资源进行互补，形成三重动力下的混合创新模式。由于绿色创新中参与主体众多，各主体间互相影响、交互作用，耦合组织间的关系协调推进实现绿色创新，形成管产学联盟绿色创新模式。

一、企业创新模式

企业组织实施创新的过程和对企业整体发展谋略的方式，我们将其认定为企业创新模式。它通过建立某种制度，将企业拥有的资源进行优化，从而提高企业的竞争力。通过新知识、新技术和新产品的获得，进而对企业所拥有的各项资源进行整合。由于企业资源配置方式的不同，配置结构也存在差异化，形成不同的创新模式。

（一）企业创新内容

一般意义上，我们认为企业的创新主要是产品创新、工艺创新以及商业模式创新等。产品创新是指企业根据市场需求解决现有问题生产出符合消费者消费需求的新产品的创新过程；工艺创新是指企业在产品生产的过程中运用新的工艺制造新的产品；商业模式创新是在消费终端创立新的商业形态，给消费者提供多元化的服务。

（二）企业创新来源

究竟企业在生产经营过程中不同形式的创新形式来自何方，学界一直有不同的看法。从创新来源的视角，我们认为企业创新模式包含以下三种：

1. 自主创新

所谓自主创新，是指企业依靠企业内部的研发人员、研发部门、研发资金等资源进行创新开发，是一种内生性的创新方式。通过自主创新模式，企业能够掌握核心技术，提高市场竞争力。自主创新分为三种模式，即跟随式追赶、跨越式追赶和创造新的技术轨道。自主创新在企业由低端向高端产业转型的过程中发挥关键性的作用。

2. 协同创新

协同创新是企业与其他企业或科研机构共同进行科技创新的新形式，强调参与单位之间的相互配合以及默契程度。企业创新过程的开放程度和外部信息源的使用都影响创新活动的进行，单个企业不可能掌握全部市场信息，协同创新能够使企业充分利用现有知识储备，取他人之长，从而提高创新效率。协同创新能够分散创新风险，保证创新活动的顺利进行。根据协同创新合作方式的不同，可以将协同创新分为竞争者协同模式、用户协同模式、替代者协同模式和供应商协同模式等。

3. 模仿创新

模仿创新就是落后企业可以学习领先企业的现有技术，也可以是领先企业在进入某一领域时主动学习在此领域中发展较好企业的技术，取百家之长发展自身。模仿创新能够促进产业的优化升级，这种创新方式周期较短，成本较小。

（三）企业创新动力

1. 技术引领

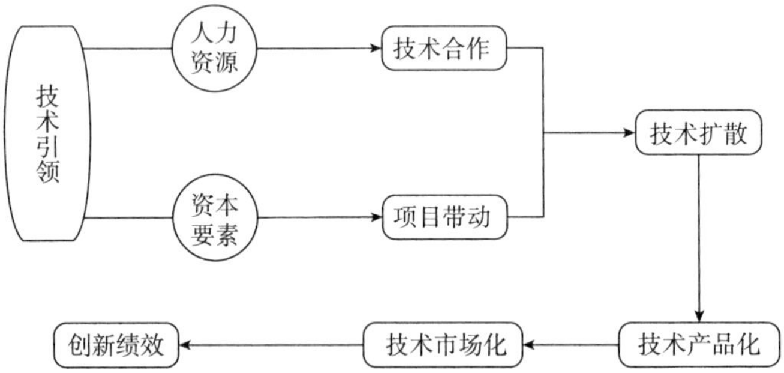

图 4－1　技术引领型创新模式

企业根据自身的情况，对现有的技术进行整理合并，并在整合的过程中发现不足并开展创新活动，得到的创新成果能够带来技术创新体系的变革，进一步形成由技术引领的创新方式。技术引领型创新模式如图 4－1 所示。

（1）技术合作。技术合作是指企业之间建立生产联盟，进行技术转让，共享技术优势，也包括建立产学研联盟，企业与高校、研究院所合作开发新技术。通过技术转让，企业可以迅速掌握原本较为陌生的技术，技术转让既可以减少资源的投入，又可以降低创新风险，有利于激发企业创新的积极性；产学研联盟是另一种重要的技术合作方式，企业利用高校、科研院所的研究优势，专项突破某种技术，有利于集中人才优势，提高创新能力。企业要加强创新人才队伍建设，完善创新激励形式，加强相关单位之间的交流合作，形成良性的创新学习模式。

（2）项目带动。发展以项目为导向的创新方式能够提高创新目标寻找效率。企业通过项目合作，有利于人才、技术在企业之间的流动，打破技术壁垒，有利于技术扩散和企业之间的互补性学习。在市场压力较大的情况下，企业应开拓自身的技术能力，通过项目间合作的形式，展开技术创新。企业发展的关键，除了日积月累形成的技术能力，更重要的是将技术成果转化为产品进行生产，从而将产品投入市场获得合理的创新报酬。项目带动有利于资源的合理配置，对促进创新能力的提高有重要作用。

2. 市场推动

很多创新活动是在市场需求驱动下进行的。过程如图 4－2 所示。

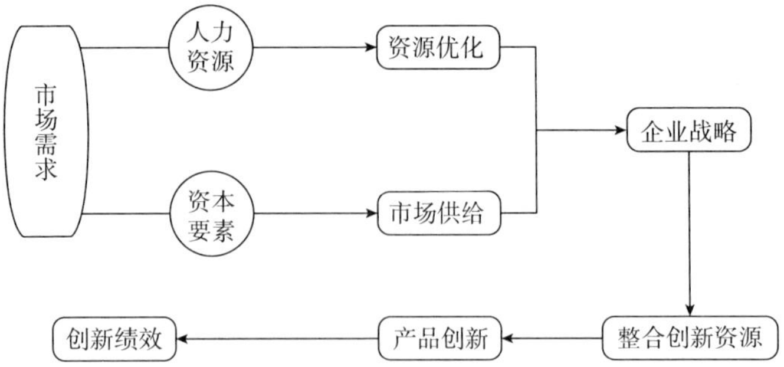

图 4－2　基于市场推动力的创新模式

企业创新在市场需求、市场竞争的推动作用下，形成以企业为创新主体、以创新为动力的市场推动型创新模式；基于市场需求，优化资源配置，对产品的成本、质量、生产周期、环保等方面严格要求；市场推动型创新模式，降低生产成本；根据市场需求，积极调整企业生产战略和创新战略，以适应市场的变化。

3. 政府支持和企业驱动

各级政府通过制定相应的法律规范，或采取强制性的行政政策，迫使企业进行创新。这种发展模式主要针对具有战略意义的新兴产业。政府还可以采取经济手段如财政补贴、税收减免等支持企业的创新活动。政府通过采取恰当的措施，可以激发企业的积极性，靠企业驱动技术创新。

4. 创新过程和途径

（1）创新过程。根据创新过程的内涵，可以把创新模式划分为线性、循环式和立体式三种创新模式。线性创新模式从企业自身出发，按照企业自身的创新思路进行研究开发，发展模式较为单一，提出新思想、进行技术研发、运用新技术、生产新产品，实现突破式创新；循环式创新模式在线性创新模式的基础上考虑市场的反馈，关注市场需求的变化，进而调整创新模式；立体式创新模式是指企业在原有的创新模式下，保持现有的产品市场，同时积极研发下一代技术与产品，实现创新模式的立体化，不断开拓新市场。

（2）创新途径。不同的创新形式所形成的创新路径各不相同。技术整合、生产流程再造以及技术孵化是根据企业创新途径的差异形成的不同概念。其中，技术整合是企业根据现有的资源条件，结合企业的创新理念，逐步开展对产品技术的完善和发展；生产流程再造指的是企业拥有的一套无法复制的、独特的工艺流程，可以促进流程的创新；技术孵化模式创新是指企业建立完善的人才机制，储备优秀的专业人才，快速进入新的领域并迅速占领市场，从而带动企业加速发展。

二、技术推动绿色创新模式

（一）绿色技术和技术创新

1. 绿色技术

关于绿色技术的含义，最初是由 Weid（1994）对环境友好技术给予的定义，后又被称为绿色技术。绿色技术又可称为绿色创新、可持续创新和环境创新，绿色技术包含的范围较广，涉及技术种类（太阳能）、组织实践（环境治理）和服务（绿色出行）。

相对于一般技术，绿色技术有以下基本特征：①它是技术领域的变革。3R 绿色理念，即节约（Reduce）、再利用（Reuse）和可循环（Recycle）在绿色技术上得到体现。②其核心目标是经济、社会、生态三者和谐共处。绿色技术符合生态学和生态经济学的规律，将人类的生产、生活与生态系统有机融合，实现人和自然的和谐统一。③它是动态发展的。绿色技术并不是指某一项目的技术，而是相关联技术的集中反映，并可以随着技术的进步，从内涵和外延上进一步深化和拓展。④它与可持续发展密切相关。绿色技术是实现可持续发展战略必不可少的工具，伴随着可持续发展战略成为各国发展遵循的路径和行动指导方针，绿色工具的作用愈加明显。

2. 技术创新

Schumpeter 提出创新概念和理论之后，众多学者开始针对这一概念进行研究。有的学者将创新分为技术创新和非技术创新。Enos（1962）从研究技术创新的过程中发现，技术创新是包括技术发明、资本投入、机构建立、计划制订、人员配备、市场开拓等一系列综合行为产生的结果。Freeman 在 1973 年给出技术创新的定义为：是技术、工艺和商业化的整个过程，不仅能够增加新产品的市场供给，而且能促进新技术的产生和新装备的商业化应用。

根据国内学者的研究，技术创新是从新思想的萌芽开始，生产出能满足消费者消费需求的新产品与服务的整个过程，在整个技术创新过程中突出新技术的研发、成果的销售与应用。有学者从技术创新的动机、内容和过程出发对技术创新进行定义。从商业的角度，技术创新是企业将自己最新的研发成果进行商业化应用，这其中包含引入新产品、新设备、新技术等形成的组合应用。

所以，我们认为企业技术创新是实现经济社会可持续发展的根本动力，在生态文明发展的视域下，开展技术创新是改变高耗能、高污染，发展低碳经济模式的基本措施。在生态文明建设思想的指导下，企业技术创新转向绿色技术创新，以环境保护和节约资源为主要目的创新形式成为可能并逐步推广。以绿色技术创新为基础的生态文明建设是挽救多重危机的必然选择，是解决经济、社会、生态和能源危机的手段之一。

（二）技术对企业绿色创新活动的影响

在生态文明视角下凭借绿色创新模式，通过对传统企业运营模式的整合与优化，企业朝着绿色生态的方向发展。从技术发展视角来看，绿色创新活动形成四个阶段，阶段的划分与生命周期的划分阶段相同，即初创阶段、成长阶段、成熟阶段和衰退阶段。其中又可对成长阶段细分为三个不同阶段，即发展阶段、竞争阶段和匹配阶段。在整个绿色创新活动开展过程中，需要正确把握绿色发展的驱动力，驱动绿色创新的整个生命周期。生长期是绿色创新成功的关键，若绿色创新未能通过成长阶段的所有考验，那么绿色创新过程所消耗的各项成本就会对社会发展带来巨大的压力；若绿色创新能够通过成长阶段的一切考验，那么绿色创新即可成功。

1. 发展阶段

初生阶段所形成的理论知识与实践技能为绿色创新活动的发展阶段提供动力支持，绿色创新的理论依据来源于最基础、最本质的科学原理，与此同时，一系列新思想、新理念、新技术、新工艺的问世，也为绿色创新活动提供了更多可能，尤其是在技术集成选择的作用下，绿色创新活动拥有更加实用的手段。绿色创新的科技也正逐步朝着成熟化、稳定化的方向发展。

2. 竞争阶段

绿色创新由发展阶段逐步进入竞争阶段。对绿色创新技术进行规范与整合，使绿色创新技术朝着规范化、标准化的方向发展，从而推动绿色创新技术的发展与进步。在市场竞争日益激烈的大背景下，企业为了满足市场的各种需求，不断对绿色创新技术以及绿色创新模式进行优化与整合，并根据市场需求生产与之相适应的绿色产品，同时为广大客户提供具有绿色化的服务。不同领域所开展的绿色创新活动均是一个循序渐进的过程，每一个发展阶段均呈现不同的发展梯度，整个发展过程需要不断对能源需求量进行整合与优化，使不同产业之间的绿色创新活动形成一个庞大的竞争体系，并在不同领域的竞争中取得胜利。

3. 匹配阶段

只有通过竞争阶段考验的绿色产品才能够被真正运用到绿色发展中。匹配阶段是将绿色技术所生产出来的各项产品运用到人们实际的生产、生活中，使绿色创新技术能够满足消费者的各项需求。绿色创新产品与消费者需求呈现一种相互影响、相互作用的互动关系。

（三）绿色创新主体

基于哲学的角度对绿色创新主体进行分析，将哲学中所形成的绿色创新理论以及绿色创新实践作为研究的理论基础，将从事社会实践活动的个体或集体作为绿色创新模式的研究主体，根据研究主体在绿色创新实践中所表现出来的基本特征，把绿色创新实践主体划分为企业、政府机构、高校、研究机构和中介机构，并以中介机构为桥梁搭建绿色创新网络系统，以政府为主导，以企业为核心，以高校、研究机构以及中介机构为重要参与者，如图4-3所示。

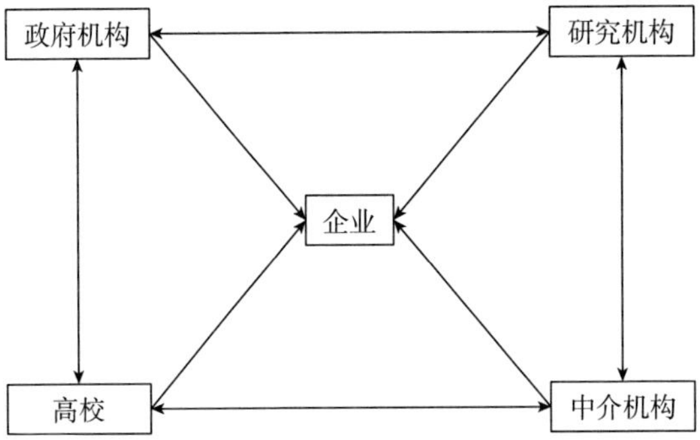

图4-3　绿色创新主体

1. 政府机构

在绿色创新活动中，政府机构需要积极做好市场中的宏观调控工作，针对绿色创新制定相应的政策方针，为企业、高校、研究机构以及中介机构开展绿色创新活动提供政策支持。政府机构所制定的方针政策能够对绿色创新的外界环境造成直接的影响，是决定绿色创新活动成功与否的重要因素。政府机构只有提供足够的人力支持、信贷支持以及金融支持，才能为企业开展绿色创新活动提供强有力的外部支持，企业才能够顺利开展绿色创新活动。因此，政府对企业绿色创新活动具有重要的协调和保障作用。

在绿色创新活动开展过程中，首先，需要人力资源的支持。政府机构针对绿色创新活动制定的一系列与之相适应的人才政策，能够将专业人才聚集到一起，为企业开展绿色创新活动提供所需的人力资源，使其更好地为绿色创新活动提供服务。其次，绿色创新活动需要强有力的财政支持。在绿色创新活动开展的过程中，如果缺乏足够的财政支持，绿色创新的成功率将会大打折扣；如果拥有充足的财政支持，绿色创新的成功率将会得到有效提升。当然，绿色创新活动不可能一蹴而就，需要在反复的实践中不断积累，在循序渐进中逐步形成。因此，开展绿色创新活动需要以财政力量为主导，拓展资金支持的渠道，依靠资金吸引人才，引进技术，购买设备，进行实验投资、市场调研等。

2. 企业

企业是绿色创新的核心，是实施绿色创新的主体力量。在市场竞争的大背景下，企业开展绿色技术研发与技术制造活动，能够从根源上降低碳排放，为社会创造绿色 GDP。绿色创新不仅体现在企业的最终产品上，而且贯穿于企业整个生产过程。因此，企业在开展绿色产品研发时要注重绿色技术的应用，降低生产过程中的碳排放，从而使整个生产过程贯彻绿色理念，使绿色技术能够在市场发展中发挥最大的效用。

3. 高核和研究机构

高核和研究机构是绿色创新的智囊团。高校和研究机构在绿色技能研发过程中，要注重与企业之间的联系，确保绿色研发成果能够真正服务于产业的发展。高校与研究机构在绿色技术创新方面所发挥的作用与价值主要表现在以下几个方面：首先，高校和研究机构为绿色技术创新提供新的思路；其次，高校和研究机构将其绿色技术创新成果进行转化，为企业、社会创造经济价值；再次，无论是高校还是研发机构均能够为企业开展绿色创新活动提供所需的人才；最后，高校与研发机构能够为地方工业生产创造良好的绿色创新环境，对工业区域内的企业和工作人员进行引导，进而加快区域绿色技术创新的发展。

4. 中介机构

中介机构在绿色创新发展中起纽带作用，是连接政府机构、企业、高校、研究机构的重要桥梁，该机构具有较强的专业性，内部结构极其复杂，社会关系十分广泛。在绿色创新活动中，中介机构通过与政府机构、企业、高校、研究机构进行沟通与交流，能够有效处理各个单位组织之间的关系，确保企业开展绿色创新活动获得良好的政策支持、资金支持、人才支持以及物资支持。中介机构能够为企业发展提供管理、法律、技术、信息、投资、会计等方面的专家，同时为生产企业提供专业化的绿色创新服务，企业能够在中介机构的作用下有效缩减绿色创新活动的发展周期，从而在市场发展中获得更多的发展机会，最大限度地降低企业在市场运营中的风险，全面推动绿色创新成果的转化效率。

（四）绿色创新模式的构建

1. 技术推动绿色研发

科学技术的运用能够为绿色研发开拓全新的模式。一方面，可以使绿色研发获得较多的技术支持，提高创新主体的绿色创新效率；另一方面，可以拓展绿色创新未来的发展方向。例如，将先进的信息技术运用到绿色研发工作中，能够依靠信息技术获取海量的绿色研发信息，同时借助信息技术将绿色研发成果传播出去，切实有效地提升绿色创新成果的获取效率与传播效率。尤其是在互联网+的背景下，将互联网运用到绿色研发工作中，创建互联网+绿色研发体系，使绿色研发工作朝着信息化、网络化的方向逐步发展。

2. 技术推动绿色制造

技术推动绿色制造主要表现在以下两个方面；一是科学技术的进步与发展，特别是基本原理的形成与推广，能够为绿色制造活动提供理论支撑，使绿色制造活动更具科学性与合理性。通过研究基础科学原理，并将该原理运用到绿色制造中，能够不断地对现有绿色制造活动进行改进与优化，使绿色制造朝着科学化、合理化的方向发展。二是科学技术能够为绿色制造活动的开展提供更多的选择，使绿色制造活动更具多样性与发展性，实现不同学科之间的交流与融合，使多种技术能够跨界交流。

3. 技术推动绿色营销

创建绿色创新体系时，需要将营销作为成果转化渠道，借助绿色营销将所产生的绿色创新成果灵活地转化成市场成果，实现绿色创新成果的市场化，不断提升绿色创新成果的市场价值与商业价值。在科学技术的推动下，越来越多的绿色成果需要借助科学技术开展营销活动。这主要依赖现代化信息技术能够有效冲破传统营销市场在时间、空间上的限制，从而在较短的时间内部将产品与服务推广出去，同时扩大产品与服务的推广范围，使绿色创新主体能够以较低的成本扩大现有的销售网络结构，把绿色营销活动中所消耗的时间成本、人力成本大大降低，切实有效地提升绿色创新成果在市场中的影响力与号召力。

三、市场拉动绿色创新模式

（一）市场拉动绿色创新

企业应将市场需求作为绿色创新活动的发展导向，根据市场对绿色创新活动的各种需求，从而开展相应的创新活动。绿色创新的生命周期可以分为初创期、成长期、成熟期和衰退期。对于市场驱动的绿色创新而言，其成长期从技术演化的角度可分为四个发展阶段：一是利基市场界定阶段；二是技术扫描阶段；三是技术需求匹配阶段；四是主流市场渗透阶段。

1. 利基市场界定阶段

利基市场界定阶段是从探寻到一个具有潜在性的利基市场开始，一直到明确对该市场需求进行定义，这一阶段是对市场需求进行定义的过程。从主体视角来看，利基市场界定阶段需要将寻找缝隙市场作为首要任务，这里所提到的缝隙市场是在主流市场之外所形成的一个市场，而非主流市场内所存在的市场；然后对寻找到的这个缝隙市场的需求进行明确界定。在市场驱动的作用下所开展的绿色创新活动需要将创新作为发展前提，将明确需求为基础，准确锁定创新主体这一研发目标，进而实现对主体需求的创新活动，同时满足主体的实际需求，通过创新成果与主体需求的完美对接获取相应的市场利润。

2. 技术扫描阶段

技术扫描阶段是成长期绿色创新模式的第二阶段。在确定缝隙市场后，绿色创新主体寻找潜在性市场需求的过程就是技术扫描阶段的根本任务。对于潜在性市场的寻找既可以在绿色创新学科内部进行，也可从外部寻找。

3. 技术需求匹配阶段

技术需求匹配阶段是成长期绿色创新模式的第三阶段，需要绿色创新主体在开展绿色创新活动时，将市场需求与绿色创新技术进行配对，确保绿色创新技术能够满足市场发展的实际需求。因此，在此阶段，绿色创新主体需要正确把握市场中的潜在需求，根据市场需求方向，对搜索到的技术进行改革与创新，使创新技术不仅具有较强的适应性，还需要绿色属性符合市场需求的基本方向。

4. 主流市场渗透阶段

主流市场渗透阶段是成长期绿色创新模式的最后一个阶段。在绿色市场与绿色技术进行共生演化时，在市场需求的指引下，绿色创新主体开展一系列发展活动，以提升绿色创新绩效，使绿色创新技术满足市场发展的实际需求，不断提升绿色技术与市场需求的匹配度，最终使绿色创新产品全面深入市场中。只有这样，这种以市场为导向的绿色创新才能走过成长阶段，进入成熟阶段，进而宣告绿色创新的成功。

（二）市场需求促进绿色创新模式的形成

在促进绿色创新模式的形成过程中，需要以市场需求为依据，从市场需求在绿色创新方面的动机出发，开展一系列与之相适应的绿色创新活动，实现对绿色创新主体的准确适配，为市场需求提供所需的绿色创新产品。通过技术创新主体和潜在的市场需求，寻找和扫描匹配的技术，并应用于产品研发，最终在目标市场获取预期利润，继而完成绿色创新活动。市场驱动的绿色创新模式如图 4－4 所示。

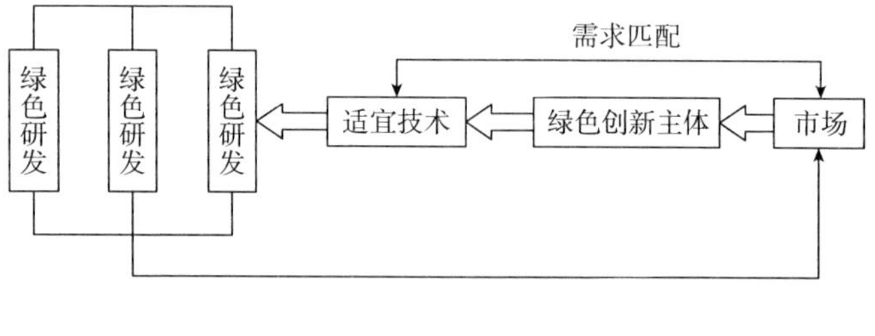

图 4－4　市场驱动的绿色创新模式

借助 OCAV 模式形成一个完整的创新过程，创新目标、创新思维、创新成果和市场价值。这四个阶段均属于创新活动的物化要素，每个阶段之间均具有较强的联系。当企业产品远远大于市场需求时，忽视客户需求开展创新活动是一种盲目行为，在实际应用过程中甚至是毫无价值的。总之，市场价值不仅处于 OCAV 的结果阶段，也处在 OCAV 的目标阶段。OCAV 模型结构如图 4－5 所示。

图 4－5 OCAV 模型结构

1. 市场拉动绿色研发

在开展市场驱动绿色研发活动时，应把市场作为绿色研发的导向，将市场作为开展技术创新活动初始点与落脚点。企业在开展绿色研发活动时，需要不断扩大绿色研发成果在市场发展中的规模，不断激发绿色研发活动中的推动力，有效提升企业在绿色研发中的经济绩效。企业在市场发展进程中，凭借绿色创新活动提高企业绿色产品差异化，使创新者能够在绿色创新活动中拥有更多的发展优势。

2. 市场拉动绿色制造

近年来，随着社会的不断发展与进步，形成的环境问题日益突出，与此同时，公民的环保意识逐渐增强。因此需要积极做好制造活动与生产模式向绿色发展的转变。绿色制造与绿色生产模式的创新工作在市场环境因素的作用下，能够在创新技术体系中发挥重要作用。

我国绿色创新能力的驱动因素包括国内市场驱动和国外市场

驱动。首先，就我国国内市场而言，随着我国公众对环境保护认识的不断提升，在各项生产活动中运用绿色发展理念，已逐步成为共识；其次，就国外市场而言，在经济全球化发展的背景下，发展中国家所制定的环境标准不断提升，通过将发达国家的环境标准引入我国企业的生产活动中，能够在我国绿色创新体系中发挥推动作用。

3. 市场拉动绿色营销

在新时期发展背景下，环境问题日益突出，人类对于绿色消费的需求增大，原有的市场消费模式被逐渐代替，企业在开展市场竞争活动时将绿色营销活动作为新的收益来源。

四、环境规制推动绿色创新模式

（一）环境规制的内容

1. 环境规制的内涵

日本学者植草益是提出环境规制内涵的学者之一。他认为规制就是根据一定的规则制度对特定社会人和经济主体活动有所限制的行为。而规制被广泛接受的概念是由施蒂格勒提出的：规制是一种为了符合利益集团要求而制造的一种强权状态。而且他认为规制分为私人规制和公共规制，其中有职能的特点还可以把公共规制再分为经济性规制和社会性规制。根据传统规制观点，环境规制不仅是经济性规制也是社会性规制。目前国内外关于环境规制的内涵还未形成统一的观点。国外文献中环境规制与环境政策没有明显的区分。早期的环境规制仅仅采取单一的行政措施，包括出台禁令、政策法规等；随着市场机制发挥更大的作用，现阶段的环境规制包括但不限于行政手段，它将经济手段纳入其中，利用经济手段间接对环境规制产生作用。随着科技进步，生态观点深入大众生活，环境规制的手段也日益丰富化。

国内很多相关学者也从不同视角给出环境规制的内涵，主要包括以政府为主导的强制规制、以市场为主导的激励规制和公众参与的自愿规制。以政府为主导的强制规制摒弃市场手段，通过制定环境的法律法规及相关的规章制度，直接干预企业对环境资源的利用，进而达到环境保护的目的；以市场为主导的激励规制凭借市场手段，相对弱化政府的地位，政府通过制定税收政策等与企业达成某种协议，既可达到降低企业生产成本的目的又可以实现环境保护的双赢局面；公众参与的自愿型环境规制提高消费者及相关群体在环境保护方面的地位，除使用有形的法律法规等具体措施外又增加了无形的规制措施。通过增加信息的透明度，企业之间成立环境保护协会等措施，既可以加强内部的监管又可以拓宽外部监管渠道，多方位监督环境保护过程。

根据国内外现有的研究观点以及考虑到本书的重点研究对象，笔者认为环境规制的概念为：环境规制是全社会制定或形成的特定规则的总和，特定环境规则指的是一切由政府部门制定的环境法律法规、政策、条例等正式制度，也包括公众参与、价值信念、道德伦理等非正式的制度。环境规制的价值在于两点：①市场——可以通过约束或者干预市场经济主体的行为及市场活动，并且使环境污染的负外部性内部化；②企业——鼓励企业进行绿色创新，实现降污减排、控制新增污染物的排放，达到生态可持续的目的，同时提高企业核心竞争力，推动和促进企业进行有效的绿色管理，实现社会稳定、经济增长、环境良好的共同发展。

2. 环境规制的发展过程

改革开放之前，政府在环境规制中占据主体地位，主要运用命令控制型环境规制手段，如强制性的行政规制政策和简单粗暴的约束手段等，使得规制方式单一、规制成本较高且效率低下。随着对外交流的增加以及市场经济的发展，市场调节情况下形成的新型环境规制起补充作用；随着社会的进步，消费者的绿色消费理念加强，隐性的环境规制有了明显的进步。20 世纪 90 年代以来，环境保护宣传的加强，公众环保意识的普遍提高，信息透明度、公众参与机制等约束措施的进步，很好地发展了环境规制的内涵。

环境规制的制定应该根据本国实际的政治、经济背景和发展环境有所调整，由此也就形成不同的技术创新组合与效果。例如，美国、欧盟、日本实施的机制大体相同，都是主要依靠税收和财政补贴及风险资金，但侧重点又各有不同。美国更依赖于市场机制的完善程度，充分发挥市场的配置作用，通过税收减免等间接措施激励企业创新，降低企业的研发成本；欧盟更加注重经济手段与其他措施的结合，例如完善税费政策（废物处置费等）；日本则偏重于以成本补贴方式为主的政府干预对技术创新的作用。

我国环境规制的特征，主要表现在以下几个方面：第一，初步形成与完善与环境规制相关的政策体系。我国的法律法规体系包括 8 个层次，即宪法，行政法规，规章，地方性法律法规，环境标准，环境保护条款，国际环境公约以及经济、管理、技术、产业、贸易、国际合作等综合性环境政策。随着环境体制体系的不断完善，政策出台量不断增大，环境标准更加苛刻。第二，与发达国家相比，我国还有较大差距。第三，在规制方式上，我国由命令控制型向市场激励型和自愿型转变。第四，我国环境规制呈现出明显的区域差异。

3. 环境规制工具

（1）基本类型。依据政府在环境规制中参与程度和使用的政策工具、方法手段的不同，可以把环境规制划分为三大类，即命令控制型规制、市场激励型规制和自愿型规制。命令控制型环境规制是指政府在环境规制中占据主导地位，政府利用其地位制定相关的政策法律法规以及行业标准，通过行政命令控制企业生产活动对环境的污染和破坏，进而实现保护环境的目的。

市场激励型环境规制是指政府利用市场机制和经济手段来约束市场主体的行为，实现经济发展和环境保护的双赢局面。利用税收等手段，提高企业环境污染的成本，迫使企业寻找绿色生产的方法，从而降低生产成本。

自愿型环境规制是指政府与生产企业协商一致，按照政府标准展开环境保护行动。要建立更加透明的信息公开制度，提高消费者参与度，将消费者纳入监督体系；建立行业协会，实行行业内部的自我监督。

命令控制型环境规制具有权威性和强制性的特点，但是经济效率偏低，企业偏向于利用政府规定的技术进行绿色创新；市场激励型环境规制以市场为调节手段，以投资和收益比为指导原则，政府应当利用经济手段引导企业理性选择，通过降低企业生产成本激发企业技术创新的积极性；自愿型环境规制具有导向性、自愿性、责任性和公开性等特点，企业应注重技术的持续创新和改进，积极进行产品创新。

（2）我国的环境规制。就目前来看，我国的环境规制工具仍然以政府的行政手段为主导，包括立法、行政监督等；市场经济手段包括环境保护税、绿色信贷等。随着市场经济的发展、公众越来越重视环境问题，企业的环保意识和消费者的绿色消费意识的提高，隐性环境规制得到充足发展，如成立环保协会、自愿组成环保联盟等。

从不同角度，我国的环境规制可划分为不同类别。

1）环境规制目标方向的角度，主要包括三种模式：一是排放源头控制目标导向的环境规制，主要是控制污染物的排放量，从污染环境的源头进行严格要求；二是过程控制目标导向的环境规制，制定严格的环境标准，倒逼企业进行技术创新、产业结构调整和绿色经济转型；三是风险防控目标导向的环境规制，偏重于风险预警以及防范和管理。

2）环境规制政策约束方式差异性角度，分为正式环境规制和非正式环境规制，而正式环境规制又分为命令控制型和市场激励型。

3）政府参与程度的大小性角度，分为行政主导型、市场主导型和公众参与型。

4）有无明显的环境规制措施的角度，分为以法律法规为基础的显性环境规制和基于环保意识、态度、认知的隐性环境规制。

5）按照资源消耗进行区分，分为费用型和投资型两类。

（二）环境规制推动绿色创新

1. 环境规制对绿色创新的行为界定

在市场发展的过程中，环境规制主要由政府部门发挥宏观调控作用。政府部门针对市场相关需求，为绿色创新活动的开展提供相应的政策支持。与此同时，政府部门从绿色创新过程、绿色创新背景、绿色创新基础着手，做好对绿色创新工作的监管工作，促使绿色活动依法、稳定进行。

2. 环境规制行为目标

政府部门绿色创新体系进行管理与监督时，需要科学处理行为监督与绿色创新之间的关系，确保行为监督内容与绿色创新活动协调统一。因此，创建绿色创新体系时，需要从绿色创新成果的生产过程入手，把管理创新、组织创新与技术创新作为突破口，注重多项创新工作之间的融合。例如，生产组织冲破传统形象函数模式，构建分区系统，最终实现绿色创新和可持续增长体系。

从应用经济学的角度看，政府对绿色创新的监管有两个愿望：一是克服绿色创新的市场失灵；二是克服政府自身的政策失灵。还有两个前提假设：一是每个主体在完全市场竞争的状态下，都有政府监管行为提供相应的补充；二是在市场竞争过程中，每个绿色创新主体均发挥作用，加大政府部门对市场的宏观干预，不断提升绿色创新主体的创新质量。

从行为视角分析，绿色创新主体在开展绿色创新投资活动时，只有政府相应的政策支持，才能有效地推动绿色创新主体开展绿色创新活动。避免政府政策失灵的最好办法是“市场中有政策、政策执行中看市场”。要想绿色创新活动中对市场存在的市场失灵现象进行合理规避，需要充分发挥企业在绿色创新活动中的核心功能，并且有相应的政府的策进行扶持。

（三）环境规制对绿色创新的资金支持

1. 政府投资

政府直接投资绿色创新对社会福利有一定的优势，主要表现在以下两个方面：①绿色创新产品有公共的属性，以及一些创新结果能提高社会福利；②绿色制造业是一个高投入和高风险的行业，政府的直接投资有助于分担风险，因为单个企业的投资意愿会受资金成本、投资回报等因素的限制。从研究领域的角度来看，绿色创新是政府参与研究开发的主要资助领域，政府、高等院校、科研院所是开展绿色创新基础研究的主要力量。政府一般直接投资于绿色产品的研究阶段，尽管此阶段投资大、见效慢。

2. 财政补贴

绿色创新中政府财政补贴的形式如图 4－6 所示。

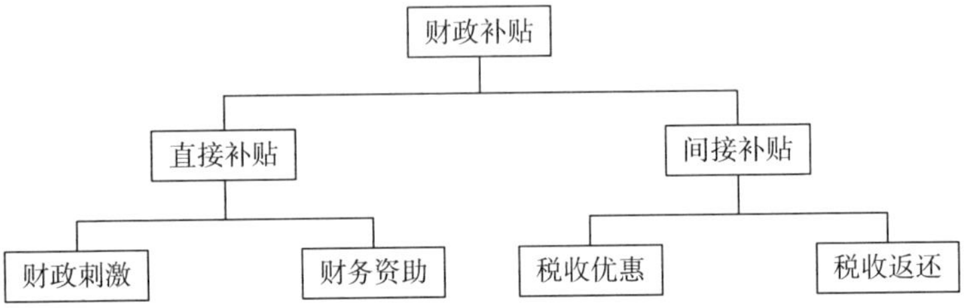

图 4－6　绿色创新中政府财政补贴形式

从效果来看，政府间接补贴与直接补贴是促进绿色创新的一种手段，具有较强的灵活性，同时考虑到企业规模、营业收入、净利润和其他因素，我们可以直接得出结论：降低成本的税收政策有利于绿色创新的发展。相对来说，把税收政策作为主要的政策主体具有以下两个优势：首先，从范围上来看，税收政策的覆盖范围广，凡是属于绿色制造的企业都可以享受税收优惠，通过税收返还等方式减轻企业的资金压力，企业可以调集更多的资金用于绿色创新；其次，税收政策对整个市场竞争环境不会造成影响，税收政策将政府行为限定在整个市场竞争的环境范围内，不会影响企业绿色创新的主体地位。

3. 政府采购

政府采购（Government Procurement）是指各级政府为了开展日常政务活动或为公众提供服务，在财政监督下，以法定的方式、方法和程序，通过公开招标、公平竞争，由财政部门直接向供应商付款的方式，从国内外市场上为政府部门或所属团体购买货物、工程和劳务的行为。各级人民代表大会应当监督政府采购工作。

政府采购对高科技产业的发展有较大的影响，尤其是在高科技企业转型初期。外国学者认为政府采购有以下影响：①政府采购对企业创新的初始阶段有显著影响；②政府具有权威性，当政府购买创新产品时，将会有更大的市场号召力；③当政府采购需求与商业市场的需求一致时，将会促进形成规模化市场，有利于各行业创新。

政府采购会对绿色创新有一定的影响。政府采购会传递出一定的市场信号和支持信号，这样就可以减少绿色创新的风险，帮助企业顺利度过易于夭折的初创阶段。绿色创新越显著，风险就越大，企业参与的意愿也就越低。而政府采购发出的市场信号可以降低创新风险，具有一定的市场预期，可以减少绿色创新过程中的不确定性。

4. 知识产权保护

知识产权是指人类智力劳动产生的智力劳动成果所有权。它是依照各国法律赋予符合条件的著作者、发明者或成果拥有者在一定期限内享有的独占权利。西方学者蒂斯认为，在交易成本上，具有明确产权的技术应该比没有明确产权的技术具有更大的优势。泰勒等研究了专利保护的影响，发现不同行业对专利保护的依赖程度差异很大。结合国内外学者研究证明知识产权是保护绿色创新的重要手段。创新的溢出效应只有通过保护知识产权，赋予创新者一定时间内的市场收益权，才能激励企业的绿色创新行为。

知识产权保护有利于保障绿色创新专有权，并从绿色创新专有权中获取利润，激励企业进行绿色创新。任何有益创新的出现都会导致同行业的模仿，严重的会影响企业的创新激情和市场秩序，产权保护可以体现知识和技术参与分配的原则，形成约束机制。随着科技的发展，知识产权保护主要发挥两方面的作用：一是可以利用相关信息检索避免重复研究，有效节约时间与精力，同时可以引导研究方向和路径，奠定绿色创新的起点；二是可以有效保护专利与知识产权。

（四）环境规制下绿色创新模式

绿色创新对以中央政府和地方政府为主体的政府监管发挥重要作用，主要体现在以下三个方面：

第一，政府直接支持鼓励企业启动绿色创新能力→对绿色创新的资源投入→理念增加→知识存量增多→动力增加。

第二，增强动力→科技发展水平提高。

第三，政府公共采购→绿色创新市场化与方向化→保护知识产权→企业绿色创新动力增强。

在知识创新研发阶段，政府直接支持→企业研发取得更多福利→获得越来越多的知识创新研发结果→企业更快发展→更多政府支持绿色创新研究和开发→改善绿色创新的力量→创新的成功率增加。

在知识创新理念和创新研发阶段，政府调控形成持续的、互动的因素，通过一系列持续的、相互促进的过程，可以有效提高绿色创新的成功率。这两个阶段并不是孤立存在的，而是在类似生命周期的发展水平上相互作用，促进彼此的发展，从而促进绿色创新体系的稳中向好运行。

五、混合创新模式

（一）三重推动力的绿色创新模式

20 世纪七八十年代，随着改革开放大门的打开，创新理论开始发生变化，由单一的技术和市场需求等线性关系向日益复杂的非线性关系转变。创新的类型更加复杂，影响创新的因素逐渐增加，并且因素之间的相互关系错综复杂。面对如此复杂的创新局面，以单一的技术推动或市场需求拉动绿色创新的理论不足以对绿色创新模式提供更加充分的解释。在这种情况下，许多学者开始摒弃单一模式，有意识地将单一的线性创新模式进行组合，比如技术推动创新模式和市场需求拉动创新模式的耦合，如图4－7所示。Mowery 和 Rosenberg（1979）提出技术—设计—制造的创新过程假定，认为创新是技术能力与市场需求的融合。

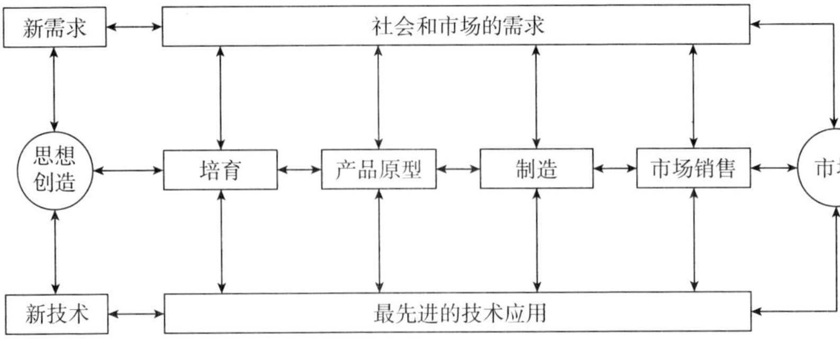

图 4-7 耦合创新模式

技术推动与市场需求拉动的观点存在争议性，创新模式的动力无法确定。熊彼特的创新动力理论认为，创新的内生力在于技术的进步，发明的新成果可以改变市场需求和消费者的消费习惯，技术进步是主动方，后者则为被动接受者。以熊彼特的创新理论作为基础，有学者提出市场需求拉动论，这一理论是对熊彼特理论的延伸。该理论认为，根据不同的行业类型，技术推动与市场需求拉动对于创新的影响程度是不同的。对于一些国防科技等的创新科学研究和技术进步是最主要的推动力。然而，在追求产业利润最大化的行业中，市场需求拉动在创新的发展中占据主导地位。例如造纸业等受市场需求的制约或影响较大。从宏观视角来看，技术创新推动和市场需求的拉动是共同作用的，两种动力模式之间是相互促进的。在技术创新推动和市场需求的共同作用下，能够更加全面地反映创新动力的实质过程。

传统创新模式以经济发展为单一目标，引入新的生产函数思想使得原有成本曲线发生位移从而降低成本获取超额利润（熊彼特，2008）。传统创新模式只考虑单一的经济发展而忽视对环境造成的影响。传统创新模式虽然对经济发展做出巨大贡献，但造成空前的资源浪费和环境破坏，从而引发生态危机。在环境问题日益突出的大背景下，绿色技术应势而生，这标志着人类从工业文明走向生态文明。绿色创新理论有利于节约资源和减少环境污染。与传统创新理论模式的单一目标不同，绿色创新有一定的导向，强调将传统创新和绿色发展融合。根据绿色创新双重外部特性和不确定性，绿色创新模式需要以一定环境法律法规、环境技术标准等环境规章制度引领。与传统创新相比较，环境规制推动力是绿色创新模式设计中不可缺少的一部分。产业的绿色创新模式应该包含技术、市场需求与环境规制三方面。基于三重推动力建立的绿色创新模式如图 4 -8 所示。

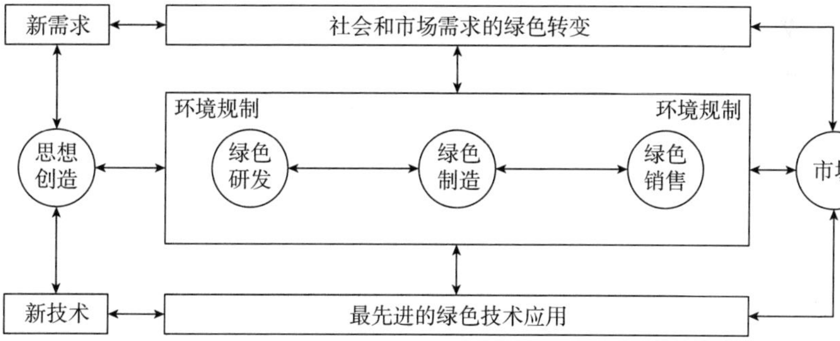

图 4 -8　基于三重推动力建立的绿色创新模式

市场需求和技术推动会因为绿色创新模式中融入环境规制发生相应的变化。在环境规制的作用下，消费者的消费行为会向绿色消费方向发生转变，新的消费需求反过来也会促进绿色技术的发展和应用。在环境规制、技术推动和市场需求的共同作用下，创新的过程也会向绿色设计—绿色制造—绿色营销的绿色创新的方面发展，最终在市场上获得收益。

（二）官产学联盟的绿色创新系统

创新系统是由各种与创新活动相关的组织结构和社会单元组成的结合体，各部分相互作用能有效推动和开展创新活动。绿色创新系统包含多个创新主体，以创新主体的性质进行分类主要包括官即政府、产即企业、学即学界，主要指高校与科研院所等。这些创新主体之间相互作用、交互影响，协调推进绿色创新的实现。Eczkovitz 和 Redsdorf（1995）提出三重螺旋模型（见图 4 - 9），研究官、产、学三边网络和耦合组织之间的关系。三重螺旋创新模型逐渐成为多个国家和地区的创新模型。将这一模型拓展到绿色创新体系中，体现了基于官产学联盟的绿色创新模式。

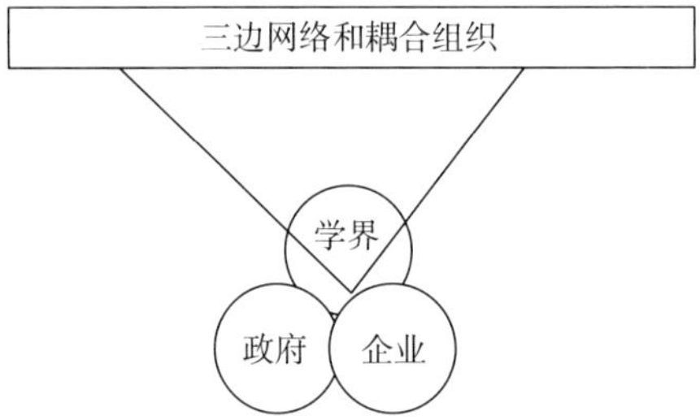

图 4 - 9　三重螺旋模型

三重螺旋模型重点研究官产学三种不同创新主体间的交互作用与协同创新。基于三重螺旋模型，主要研究以知识生产与转换为中心的官产学联盟等通过市场需求这个纽带，彼此联系在一起，形成互相影响的三股力量且是螺旋上升的。从微观的角度，政府有以下两个作用：①可以运用政策激励和资金支持，鼓励创新，并有效地组织专利、技术成果的引进与吸收，加速科技成果的产业化，同时有效提高社会经济的发展速度，它可以察看并管理科研行为，保证其有益于社会，有利于经济发展；②政府制定相关制度与规则，可以完善科技交易市场，维护市场秩序，保证公平竞争。当一个国家或地区经济发展到一定程度时，创新驱动力不足的情形会导致创新力量消失，如北欧的福利国家瑞典等。此时应该有政府发挥作用，提高国家或地区竞争力，赋予创新动力。企业为追求利润最大化永不停止，具有很强的创新意愿，但是企业中往往缺少专业化人才，局限在自己的领域，有时会因为暂时获取垄断而扬扬得意，抑制创新持续发展。所以只有政府的宏观指导配合，学界的专业人才才能实现创新目标。

学界是当前创新活动的主要参与者，通过一定的科学研究改进现有技术进而打破技术垄断，改变市场格局，创造新的经济增长点。但是学界远离市场，缺乏相关市场导向的认识，还有就是资金投入问题，并且研究成果也需要通过企业的生产加工投入市场才能产生经济效益。因此，学界研究离不开政府的政策与资金支持，同时还要加强与企业的联系以便及时准确地掌握市场信息，使科研成果更准确地对接需求。只有学界、政府和企业三者紧密联系、相互补充、互为依托，才能促进创新活动的健康发展。

具体到产业绿色创新系统，毕克新（2016）指出产学研战略联盟是制造业绿色创新系统构建和运行的重要基础，是当前绿色创新系统的主要创新模式，并详细介绍了官产学联盟在绿色创新模式中的重要作用。本书认为，这种绿色创新模式并未体现出政府作为主要创新主体的重要作用。林学军提出三重螺旋模型理论，认为官产学的提法比产学研更为科学，官产学是一个不可分割的整体，缺少哪一方都不可能取得良好的绿色创新能力和效率。基于此，本书提出官产学联盟的绿色创新模式，如图4－10所示。

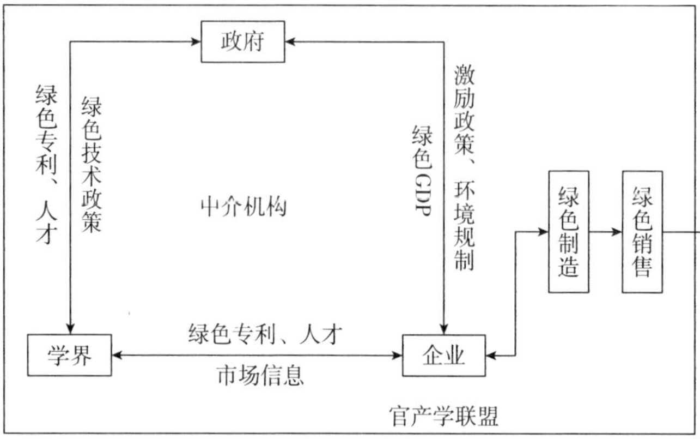

图4－10　官产学联盟的绿色创新模式

官即政府，作为绿色创新的主体，政府部门制定的政策会对绿色创新的外部环境及市场导向产生重要影响，对人才、资金等创新要素的影响更为突出。政府作为政策的制定者，其应该以引导的身份作用于绿色创新系统，要为绿色创新营造良好的氛围。一方面，政府部门要制定利于创新的政策，包括人才政策、税收政策等。同时，绿色创新实践离不开人才，因此，人才是决定绿色创新能否成功的根本因素。政府只有出台吸引人才的政策，才能源源不断地为绿色创新活动奠定基础。资金作为绿色创新不断持续的基本保障，在绿色创新的初始阶段尤为重要。另一方面，政府也要对绿色创新活动进行约束，通过制定环境保护标准等措施，确保创新成果达到规定要求，符合可持续发展观。

产代表进行绿色创新的企业，其是进行绿色创新活动的核心力量，决定着绿色创新的成功与否。在绿色创新体系中，企业是作为市场活动的主体，对市场信号能够迅速做出反应。在市场经济活动中，企业把绿色创新技术应用到生产活动中，能够有效保护环境，促进社会的绿色持续发展，创造绿色 GDP。后期的销售过程也要利用绿色技术，减少售后污染。企业应当把绿色技术应用到整个产品产业链，贯穿技术开发、产品生产和售后处理的整个过程。

学即学界，主要是指科研院所和高等院校。学界是绿色创新技术的来源地，在整个绿色创新体系中扮演智库的角色。学界在绿色创新体系中的主要作用体现在人才输出、技术输出和绿色技术宣传三个方面。首先，学界是培养绿色创新人才的摇篮，能够源源不断地为社会、企业提供专业人才，确保在绿色创新体系中有足够的人才投入；其次，学界通过与企业建立联系，根据市场需求进行绿色研发；最后，学界中参与绿色技术研发的人员可以凭借其地位优势向大众传播相关科学知识，使绿色创新环境的土壤肥沃，使绿色观念深入人心。

综上分析，官产学共同利用资金、人才、信息、技术等要素，结成绿色创新联盟，使良好的绿色创新环境共同创新、共同成长。

第五章 生态问题反思和绿色创新实践

伴随着愈演愈烈的生态问题地出现，人类发现，人和自然的关系并不是简单的征服与超越，而是互相依存。各国在重视经济发展的同时，也开始对其行为进行反思。20 世纪 60 年代，人类的环保意识开始觉醒，从首次人类环境会议的召开到可持续发展大会，再到联合国气候大会，世界各国开始在反思中行动，绿色创新的实践在世界范围内悄然兴起。不论是发达国家还是发展中国家，改善人类的生存环境、阻止生态的继续恶化成为新时期各国纷纷探寻的绿色发展之路。

一、生态问题的反思

（一）发达经济体的生态反思

由于发达国家对自然的过分征服和掠夺，导致各国国内生态系统逐渐失衡，在追逐经济的狂欢后，生态问题逐渐浮出水面。日益严重的生态问题影响人们的正常生存和社会发展。面对严重的生态问题，发达国家也开始寻求解决之道。在进行深刻的反思后，发达国家认识到，亟须采取一些手段保护生态环境，避免出现生态问题的再次爆发，因此，它们开始通过立法保护生态环境，同时政府为鼓励对资源的回收利用，对安装节能环保装置的企业实行减税，鼓励对生态能源的开发和推广，建立污染排放制度。

1. 制定法律保护生态环境

正所谓“没有规矩，不成方圆”，由国家或组织制定并强制执行的法律可以在一定程度上规范和约束人们的行为。法律可以严惩不法之徒，维护社会秩序，是每一个国家治国理政的利器和惩恶扬善的利剑。正如马克思所说，法律是一种肯定的、明确的、普遍的规范，在这些规范中自由获得一种与个人无关的、理论的任性的存在。发达国家认识到要解决生态问题，必须加强立法，运用法律的力量保护生态环境。通过法律规范人们的生产生活并惩罚人们肆意破坏生态环境的行为，在一定程度上缓和生态环境的恶化。

德国于20世纪70年代发生能源危机，政府先后颁布《废弃物处理法》《废弃物限制处理法》《物质闭合循环与废物管理法》等具有代表性的法律来规范人们的行为，以达到减轻能源压力的目的。实践证明，这些法律的颁布和实施有利于保护环境，从而达到经济和生态的双赢局面。如今，废弃物处理已成为德国的支柱产业，各行各业生产的废弃物再利用率高达50%。其中，家庭垃圾利用率为60%；玻璃、塑料、纸箱等包装物回收利用率超过90%；废旧汽车回收再循环利用率达到80%；废旧电池回收循环利用率达到70%。废弃物处理提供20多万个就业岗位。

美国紧随其后，也走上了立法环保的道路，“八大公害事件”美国就占2席，可见美国生态问题的严峻性。在资源也十分短缺的情况下，面对日益严重的生态危机，通过立法发展清洁能源以减少经济发展对生态环境的破坏和污染。例如，《美国复苏与再投资法案》《美国清洁能源安全法案》等均要求以清洁能源代替煤炭、石油等传统能源。因此，美国在清洁能源的开发和应用上取得了很大成效，获得了很大的经济收益，仅使用清洁生物燃料一项每年就增收177亿美元。

加拿大利用法律法规达到对污染物点石成金的效果。加拿大政府在全国通过相应的法律法规政策开启变废为宝计划，即在A地是废物的东西在B地变成宝物。通过此计划，在节省能源需求、减少对生态环境的破坏和污染的同时大大提高了废弃物的利用率。政府通过法律严惩人们损害生态环境的行为，大力推行变废为宝计划。同时建立了一种高效处理模式：一方面，规定污染者需要自觉承担治理污染源费用；另一方面，对污染受害者赔偿经济损失，加强处罚措施，将给予重罚或者监禁（或两者并罚）。对于积极治理污染的企业，以税收优惠、经济补偿、财政资助等形式给予奖励。

澳大利亚同样通过立法保护生态。全球交流增多，大量移民移居澳大利亚。为满足人们的生产生活所需，澳大利亚开采金矿、砍伐森林的行为大肆破坏生态环境，使大量沙石裸露，沙尘暴频发。澳大利亚制定了《土壤保护和土地爱护法案》《2003年澳大利亚沙漠知识机构法》《1999年环境保护和生物多样性保护法案》《2001年艾尔湖流域政府间协议法》《2002年地区森林协议法》等。如今，澳大利亚的生态恢复良好，昔日寸草不生，如今绿荫如盖。

2. 资源的回收利用

生态问题愈演愈烈，渐渐演化成生态危机。发达国家采取一系列措施，如政府鼓励回收利用资源等来应对生态危机。众所周知，人们在生产生活中会产生大量废旧物品，政府为提高资源的利用率，减轻生态危机，大力鼓励对废旧物品的回收利用。①对废旧物品的回收利用，有利于防止废旧物品作为生活垃圾对生态环境的污染，特别是防止废弃电池、灯管、金属、家用电器、塑料袋、油漆等有毒有放射性废弃物对生态环境的污染，影响人们的身心健康；②减少对本国资源的开采和依赖，尤其是煤、石油、天然气、各种矿石、木材等资源，有效遏制人们掠夺自然资源的速度，缓和人与自然的紧张关系。

20 世纪 70 年代，美国全国各地开始建立资源回收装置系统，重点处理生活产生的废弃品。政府根据不同种类不同标准对建立资源回收装置的企业、工厂、社区等给予不同的补贴。在美国于国内实行对资源回收利用措施下，仅在 70 年代美国就支出高达 2600 多万美元用于对资源回收利用方面的政府补贴。其带来的成效也同样显著，生态环境明显改善，资源得到有效利用，生态危机对美国的冲击大大削弱。

德国意识到资源回收利用具有两大优势，既能缓解生态危机带来的压力，又能收获经济效益，增加就业机会。在回收利用资源发展循环经济方面取得优异成果。为了减轻生态危机对本国经济的影响，防止资源浪费，德国在全国范围内建立废弃物回收系统，即点、线、面——从家庭到社区再到乡村和城市的全方位回收网络。三个不同颜色的垃圾桶普遍存在于德国的普通家庭中，人们将不同类型的垃圾放在不同颜色的垃圾桶里，等工作人员来拿走这些废弃物。为了防止人们肆意扔掉废弃物品，鼓励公民大力支持国家资源回收利用政策的发展，德国政府给予每个公民每年 93 欧元的废旧物品回收费，并将这项事业市场化运作，积极动员社会各界参与到对资源的回收利用事业中来。全国有数万家企业加入 DSD 系统——一个资源回收利用的社会组织，其工作理念是回收并将全国的废弃物分类，从而进行下一步循环利用。据 DSD 系统公司统计，居民每年产生的生活垃圾有 4000 万吨，其中可回收再利用的约 1160 万吨。通过在国内实行对废旧物品的回收再利用政策，德国成为欧洲发展循环经济的典范。

在资源回收利用方面，瑞典也有很大的话语权。身为北欧小国，瑞典国土面积较小，国内资源也十分有限，为了应对生态危机，必须集中推动资源的回收利用。利用回收生活废弃品来提高资源循环利用，有效克服自身资源的不足，减轻生态危机对本国经济的影响。在瑞典很多地方的发电厂使用居民的生活垃圾而不是煤作为燃料。在这里，生活垃圾被循环使用，人们的生活用电、工业用电、交通用电等都采用这种方式。瑞典的一些城市污水处理厂处理污水时也采用这种原理。首先经过净化的污水在热交换泵冷却之后，释放的热量应用于生态城的集中供热系统，而被冷却的水再被用于区域供冷系统，这节约了大量能源。优秀学者哈马碧建立了一个包含地表水收集、废水处理、垃圾处理全方位的能源再生循环利用系统，为充分循环利用资源提供了榜样。将生活产生的废弃物转换为可用资源，可达到生态环境和经济发展的双赢，在保护生态环境的基础上收获经济发展，有效应对生态危机。

日本也是生态危机的重发区，20 世纪因过度追求经济利益曾发生在全球范围内引起轰动的环境污染事件。至此，日本保护环境的浪潮逐渐升起，政府也同样希望通过对资源的回收利用减轻生态危机造成的负面影响。吃一堑长一智，日本政府也在一次次生态危机爆发后吸取教训和经验，对生态环境的保护不断加强。为做到经济和生态的可持续发展，日本充分利用广播、电视、报纸、网络等大众媒体对国民进行节能环保、循环利用资源思想的教育，并立志在实践中体现出来。因此，日本将生活垃圾分为可燃垃圾、不可燃垃圾、资源垃圾、大件垃圾等。为充分地利用生活垃圾，又将生活垃圾废弃物做进一步分类，将塑料袋、玻璃瓶、易拉罐等分门别类地回收利用。政府拨款专项资金建立专业生活垃圾回收站，负责正确回收利用生活废弃物。同时，在社会上宣传零浪费思想，使垃圾回收利用的思想深入人心，从而实现废弃物的高效回收利用，实现零垃圾零浪费。自提倡资源的回收利用以来，资源的利用率大幅提高。

综上可得，一些发达国家对资源的回收利用已经较为成熟，这是需要其他国家借鉴的。回收利用生活中的废弃物，不仅可以保护生态环境、减轻生态危机的压力，而且可以促进发展经济，可谓一箭三雕。

3. 针对节能环保设施的优惠政策

在工业化过程中，发达国家忽视生态系统的承受能力，片面地追求经济利益，不仅污染环境，还阻碍经济的发展。近年来，节约资源和保护生态环境的节能环保设施逐渐受到发达国家的追捧。面对如此严峻的生态危机形势，安装节能环保设施逐渐盛行，被一些发达国家认为是解决环境危机的绝佳对策。节能环保设施被大量应用于生产领域，帮助企业节约物料，增加可持续利用率。生产同样的产品，安装节能环保设施可比之前节约一半的原料，不仅如此，安装节能环保设施还能减少工业化对环境的污染。在缓解资源紧张和保护生态环境方面，安装节能环保设施发挥了重要作用。一些发达国家也看中节能环保设施这一点，采取许多优惠政策鼓励企业安装节能环保设施。

众所周知，日本政府通过一系列政策的引导，在节能环保方面的成就令世界瞩目。上至企业下至民众都树立了很强的节能环保意识，企业安装了节能环保设施，民众保护环境的意识也渗透到生活的方方面面。为引导企业安装节能环保设施，日本通过减税的措施进行税收优惠。也就是说，企业安装节能环保的设施，可以减免税收，减轻企业负担。日本政府规定，安装节能环保设施的企业，针对不同的设备减免的税率不同。一般来说，安装设备的前 3 年免交 50% 的税收；若在节能环保方面投入较大、有突出贡献的企业，就可以根据实际情况减少收益税。

德国为鼓励企业安装节能环保设施采取低息贷款政策。在发达国家，实施这种政策的还有日本。低息贷款政策意味着利率仅为 1.8%，远远低于 5% 的市场贷款利率。同样，日本政府征收 4.9% 的利率，而市场贷款利率为 9.1%。在德国和日本采取大幅度降息可帮助企业筹集资金，大大调动企业安装节能环保设施的积极性。

折旧优惠指政府承担安装节能环保设施的折旧费。在日本，企业只要安装节能环保设施，在前 3 年都可获得高达 30% 的折旧费。价值 10 亿日元以上的，除进行一般的折旧外，第一年还可进行特别折旧。同样，德国以每年购进或建造成本的 10% 进行折旧。

企业减税、低息贷款和折旧优惠是比较常见的政策鼓励措施，因篇幅限制，其他的政策措施就不再介绍。

4. 开发与推广生态能源

一些发达国家通过开发太阳能、风能、水电、地热能、潮汐能、沼气等生态能源解决现有能源的紧张和短缺问题。早在20世纪70年代，一些发达国家就已经开始大力支持生态能源的开发，美国最具有代表性如曾投入1000多亿美元的资金和30万左右的科研人员，日本投入40800亿日元和28万左右的科研人员等。

只有在人类生存和发展受到威胁时，人们才会明白对自然无限的索取和破坏对自然环境造成的伤害，从而领悟保护生态环境的重要性。特别是深受生态危机困扰的发达国家充当治理生态环境的先锋，采取一系列措施防止生态危机对自身的影响，而向其他国家转移生态污染就是其中之一。一些发达国家为了防止本国生态问题的继续恶化，从维护本国利益出发，将一些高污染、高耗能的企业转移到渴望快速发展的发展中国家，在谋得巨额利益的同时使自己国家的环境保持良好。凭借自己强大的经济实力和在国际经济秩序中掌握主动权，将生态污染转移到发展中国家和经济落后国家。它们操纵着利益格局的天平，一切以自己的利益为出发点，经济落后国家只能忍气吞声。

发达国家在经济全球化的大背景下，利用国际经济与贸易手段对发展中国家和经济落后国家进行污染转移。在国际经济与贸易中，发展中国家和经济落后国家对外资企业准入标准低，且政府片面追求国家经济发展，放松对外招商的要求，使得环境遭到严重破坏。这些发展中国家缺少保护生态环境的相关法律法规也为发达国家花极少成本就实现跨境转移生态污染提供了便利。但是这种行为是极其不道德的，实质上是对他国发起的生态侵略或生态掠夺。发达国家通过直接和间接两种方式向发展中国家和经济落后国家进行生态侵略。顾名思义，直接型转嫁生态污染包括跨境投资和贸易输送。跨境投资是指经过国际产业投资，将化学、能源、橡胶、印染等高污染、高能耗并对产业发生地造成极大污染和破坏的低能产业对外转移。贸易输送是指以贸易的形式将淘汰企业转嫁到其他国家。而间接型转嫁生态污染是指通过从发展中国家和经济落后国家大量进口各种矿石等来保护本国环境和矿石资源，进而通过间接手段隐秘地将生态污染转嫁给出口国。因为间接型转嫁生态污染的隐蔽性，这种方式在发达国家中很受欢迎。相应地，发展中国家和经济落后国家承担了大量发达国家生态掠夺引发的环境危机，据有效统计，自 20 世纪 60 年代以来的日本将 60% 以上的高污染产业转移到东南亚和拉美国家，美国转移的淘汰产业达 39% 。

（二）发展中国家的生态反思

自 20 世纪下半叶以来，生态危机的阴影笼罩全球，不止发达国家，发展中国家也逐渐意识到生态问题的严峻性，生态问题被全球瞩目。发展中国家对生态保护意识逐渐增强，在如何解决和对待生态问题上非常活跃，为实现自身的生存和可持续发展铺好生态安全的道路。

1. 增强生态环境保护意识

“没有做不到的事，只有想不到的事”，马克思主义唯物观如是说。要想正确地认识和应对生态问题，首先必须认识到思想的重要性，从灵魂深处认识到保护生态环境的重要性。只有我们树立保护生态环境的意识，才能指导和控制人的实践活动，从而将环境保护落在实处。正所谓，物质决定意识，意识对物质具有能动的反作用，应对生态危机的关键是能否树立强烈的生态环境保护意识。近年来，发展中国家一味发展经济忽略了对生态环境的破坏，但是随着生态危机的日益严重，人们对保护生态环境的重要性有了越来越清晰的认识。然而孤掌难鸣，保护生态环境需社会各界各行业共同努力。因此，增强生态保护意识，认识到生态环境对人类生存和发展的重要性，对发展中国家和经济落后国家在日后推行保护环境的措施有至关重要的作用。为使人们真正从“要经济不要生态”的传统思想中转变过来，许多国家付出不少努力。中国作为有责任心的大国、世界上最大的发展中国家，正在为改善我们的生态环境付出巨大的努力。中国政府为正确处理经济发展与生态环境保护的平衡，大力推进全民参与意识，提出了很多口号，如“绿水青山就是金山银山，宁要绿水青山不要金山银山”“要像保护眼睛一样保护生态环境，要像对待生命一样对待生态环境”“保护生态环境就是保护生产力，改善生态环境就是发展生产力”等。这些有深度、易于记住的口号可以大大提高环保思想在民众中的普及度，树立和提高人们的生态环境保护意识。

2. 转变经济发展方式

发展中国家为应对生态问题，转变经济发展方式成为其主要出路。在主观上，不少发展中国家技术水平较低，采用粗放型发展模式。在客观上，因为发展中国家实力较弱，易于被帝国主义列强侵略，人们大多在饥饿、贫穷和困苦中生存，在长期的战乱、动荡、革命和政变的环境下苦苦挣扎，过着水深火热的生活。“二战”后，这些国家不再饱受战火煎熬，在取得独立和解放后，它们抓住和平与发展——世界主题的东风，利用相对稳定和平的国际环境积极发展，完善国家基础设施，提升本国经济实力，为改变长期以来的贫穷和落后状态付出极大努力。但是由于这些国家本身基础差、底子薄、文化相对落后，在发展经济中大多追求耗能高、污染重的低端产业，更加重了这些国家的生态问题，不利于经济的进一步发展。随着经济发展进入艰难期，这些国家逐渐意识到保护生态环境对促进经济发展的重要性，逐步转变粗放型的经济发展方式，寻求可持续发展模式。中国和印度两个发展中国家，按照发达国家的污染型发展模式拼命追赶，造成生态环境的破坏严重。它们在对经济发展有了清晰的认知后，不再盲目从众，根据本国国情制定适合自己的发展方式。进入21世纪以来，中国提出科学发展观，协调好人口、资源、环境的均衡发展。党的十八大后将大力推进生态文明建设摆在国家战略布局的突出地位，大力发展绿色经济道路。在生态环境逐渐恶化的压力下，中国已经找到“既要金山银山，又要碧水蓝天”的协调发展模式。这就意味着，中国要适应国内外经济形势新变化，推动创新，转变经济发展方式，提高质量与效益。印度积极发展以计算机和新材料为代表的高端产业，老挝、越南、泰国等正在大力发展旅游业。这表明，这些国家已经认识到保护生态环境的重要性，正逐渐转变经济发展方式，从原有的高污染高耗能的粗放型经济转向低碳、节约、高效的集约型经济发展。在尊重自然规律的前提下，只有这样才能让全人类走上可持续发展的道路。

二、绿色创新实践

（一）能源方面的绿色实践

1. 发达经济体的实践

（1）美国。作为二战时期的超级大国，美国在工业化生产领域一马当先，使世界其他国家难以望其项背。但随着美国经济的片面发展，环境污染问题日益严重，促使美国政府部门重视绿色发展问题，并积极投身到绿色创新的各项活动中来。通过第三次技术革命，美国将绿色发展作为科学技术的重中之重，通过大量研究创新，绿色技术层出不穷，这些绿色技术落实到人民生活的方方面面，有效改善了人民的居住环境。时至今日，美国绿色发展在世界各国遥遥领先。

1）政策法规方面。针对在绿色生产过程中遇到的能源问题，美国颁布《能源政策法》，并在该项法案中针对能源问题做出相应的法律法规，通过提升能源的利用效率，减少能源在工业生产的消耗量。继金融危机爆发后，美国为全方面刺激市场经济的复苏和发展，针对金融危机所带来的相关问题制定了《复苏与再投资法案》，通过对原货币政策进行优化升级，大幅度提升货币资金在新能源开发方面的人力物力的投入，维护金融市场的稳定和秩序。

美国执行了一项新的绿色能源和环境政策，全力发展以太阳能、风能为首的可再生能源，通过利用太阳能开发技术，将太阳能有效转化成电能，改变以煤炭为主的电力工业模式，进行绿色生产，减少碳的排放。通过美国相关研究部门开发的 LED 技术，在提升美国企业绿色技术整体实力的同时为广大社会群体提供更大的就业机会，这大大增强了美国在绿色发展方面的核心竞争力。例如，美国政府提出的“建筑效能提升计划”（Building Efficiency Initiative Plan）通过在建筑工程中运用节能设计元素，每年在节约巨额开支的同时创造了无限就业潜力。

从 2009 年开始，可再生能源的开发与利用工作成为世界产业的热门发展方向，作为发达国家，美国再生能源水平飞速发展，遥遥领先于其他国家，在世界可再生能源发展中独占鳌头。因为创新技术的不断发展，美国在绿色产业方面所做的努力不断加强，2016 年的投资额度比上一年增长了 51%，收益为 340 亿美元，见证了美国在绿色产业方面取得的重要成就。与 2016 年相比，2017 年美国进一步加大在可再生能源方面的投资，投资量同比增长 51%，投资额将增长到 481 亿元。2018 年，美国扩展了投资范围，在风电方面的投资较 2017 年同比增长了 74%，在太阳能方面的投资较 2017 年同比增长了 41%，这比 2009 年的发展成果超出 10 倍，足以说明可再生能源的重要性。技术成果在现代化社会中的运用变得更加成熟，新能源生产成本快速下降，新能源占比不断攀升。预测到 2030 年，美国 46. 6% 的电力能源将由可再生能源提供。

2）设定能源目标。美国作为一个联邦国家，身为世界超级科技强国，在清洁能源发展方面，同样引领世界的脚步。首先，美国通过先进的基于市场驱动的调度系统促进电力市场发展，为建立和完善电力管理系统和电力市场，不断增加对可再生能源输电线路的投资，希望解决电力消纳和输电受阻的问题，提高清洁能源的利用效率。由于美国拥有先进的新能源技术，以及国家不断完善的电力市场和电力管理系统，新能源技术和旧管理系统不协调的问题对清洁能源投资的影响较小。其次，美国拥有世界领先的清洁能源技术专利水平，为美国的清洁能源提供了非常有利的发展环境。最后，美国各州通过颁布相关法律、政策和激励措施扶持清洁能源的发展，如实行可再生能源配额制、可再生能源建设成本补贴制和可再生能源项目收入补贴制等来激励清洁能源的投资。自 2008 年以来，美国碳排放量下降了 9. 5%。

3）税收激励政策。在利用税收政策等激励新能源产业发展方面，美国开创了先河。美国建立了完善的法律体系，并辅之以和新能源产业相关的税收政策，合理规定和完善了新能源产业的生产和消费的环节，如表 5－1 所示。美国不仅有对技术研发、投资和生产的激励，在市场应用方面也加大了投资。不仅有直接激励的税收政策，也有间接激励的税收政策（如对传统能源、燃料征税）。同时充分利用产税、消费税、个人所得税、财产税等不同税种激励新能源产业发展。另外，美国的税收激励政策具备了完善的法律体系，促进了税收政策的顺利实施。

表 5－1　美国新能源产业税收政策

产业环节	各环节政策分类	税收政策内容	相关法案
生产环节	促进技术研发的税收政策	研发费用实行“费用扣除”“减免所得税”双重优惠	《能源政策法案》 《美国复苏和再投资法案》 《2005 年国家能源政策法》
		科研设备加速折旧	
		设备投资税抵扣	
		投资税抵免	
		产学研合作的税收抵免	
		财产税减免	
	促进投资的税收政策	加速折旧	《美国复苏和再投资法案》
		生产税抵扣	
		投资税减免	
	鼓励生产的税收政策	生产补贴	《能源政策法案》 《能源税收激励法案》
		税收返还	
消费环节	扩大市场应用的税收政策	消费税减免	《1978 年能源税法案》 《能源改进及延长法案》 《能源政策法案》
		个人所得税抵扣	
		对能源、燃料征税	
		生产税抵扣	
		投资税收抵免	

由表 5-1 可以看出，美国设立多个法律完善减税政策：1992 年的《能源政策法案》列举了生物质能、太阳能和地热能等为可再生能源发电系统的政策给予不同程度的减税；2003 年，美国增加了税收抵免额，扩大了可再生能源的范围；2009 年，《美国复苏和再投资法案》提出使用减少投资税的方法。《能源税收法》《国内税收法案》《联邦能源安全法案》《能源改进及延长法案》和《美国复苏和再投资法案》都要求新能源公司在不同程度上加速折旧，2008 年提出的《联邦经济刺激法案》也允许一些企业，可再生能源项目额外折旧 50%。在税收抵免方面，《美国复苏和再投资法案》规定纳税人可以选择投资税收抵免和生产税收抵免之一作为新建装置的税收激励。而《能源政策法案》根据可再生能源类型规定了不同的抵免额度及优惠区间。

4）财政投资。在财政投资方面，美国于 2007 年颁布了《能源独立及安全法》，详细介绍了美国清洁能源技术领域的投资资金，到 2025 年的投资总额将增加至 1900 亿美元。金融危机后，《美国清洁能源安全法》希望通过发展清洁替代能源提供更多的岗位，从而推动美国的经济恢复。同年，《美国复苏和再投资法案》规定，联邦政府将投资 500 亿美元在绿色能源开发和能源效率项目上，从而促进技术研发及清洁能源产业发展。2013 年 2 月 20 日，美国能源部（DOE）能源效率与可再生能源（EERE）办公室奖励 70 家小型企业的创新，授予总价值 1050 万美元的研发奖金。

（2）德国。德国地域富煤、缺油、少气，大多能源只能依赖进口。作为一个拥有绿党政治根基的欧洲最大经济体国家，德国从 20 世纪 70 年代就开始重视清洁能源的发展，建立了重视可再生能源法律法规和激励制度，通过将发展非化石能源作为重要的清洁能源发展战略目标，凭借丰富的绿色发展成果在欧盟国家中占据主导地位。

德国作为世界上最早提出从高碳向低碳转型能源结构的国家，颁布相关法律法规支持辅助低碳经济发展，并且充分利用高度灵活运作发电、电网和用电三个环节。FIT 政策指的是电网运营商必须优先全额收购清洁能源发电的政策，有利于降低德国的弃风弃光率，解决能源消纳难题。通过发展以电代油、以电代气等措施促进电力和热力行业的深度融合。为解决高补贴对行业造成的电价负担，德国采取优化政策对电价进行补贴；面对能源资源不充足的问题，大力发展以太阳能和风能为主的清洁能源。德国拥有欧洲一半的风电装机容量——8754 兆瓦。据德国风能研究所预测，到 2020 年，德国的风力发电能力将达到 22 万兆瓦，全球风力发电能力将达到 120 万兆瓦。

通过实施绿色发展战略，德国将新能源作为绿色发展中的战略目标。通过颁布《可再生能源法》（EEG），并在日后的发展过程中进行两次修订和完善，运用法律手段维护可再生能源的开发与推广，为可再生能源的有序开发提供法律保障。德国政府大力发展技术创新水平，通过降低新能源的开发成本，提升新能源的应用效益，大幅度降低新能源电网电价。德国通过提高汽油、柴油和电力的税率变相为可再生能源和新能源的发展提供税收优惠；征收生态税有利于社会的再分配，从而降低传统化石能源的消耗；随着德国环保意识的觉醒，对可再生能源发展的投资也逐年增加，并于 2017 年实现新能源高达 85% 的消纳，电力、供热和交通等领域可再生能源的消费水平在世界上也一直名列前茅。

为扶持能源行业的发展，德国于 2000 年 4 月颁布以《可再生能源法》为核心的可再生能源法规体系。其主要是用法律为发展可再生能源提供政策优惠，规定电网运营商收购电力的固定费率，为可再生能源提供良好的社会环境，降低其发展风险。德国为促进和规范可再生能源发展，颁布了一系列法律法规，如《生物质发电条例》《能源投资补贴清单2009》《能源行业法》《促进可再生能源生产令》《可再生能源分类规则2009》《能源补贴分配总规则》《太阳能电池政府补贴规则》《建筑节能法》和《德国可再生能源取暖法》等。

《电力供应法》规定了可再生能源发电的固定电价和全额收购的制度。尽管那个时期德国风力发电的电价比常规高出近50%，但德国政府依然规定供电公司提供的价格不得低于当地平均电价的90%。随着固定电价制度的不断完善，政府根据不同种类逐渐降低可再生能源发电厂的初始上网电价。不仅如此，2004年，德国为大力支持地热能的发展，进行0.15欧元/千瓦时的补贴政策。

同时，德国也具体规定了国内可获取再生能源的信贷优惠政策。譬如，对于光伏产品、风能、水能、地热能等可再生能源项目的产业，规定德国复兴银行等政策性银行和商业银行有责任提供低息贷款；政府要为风力发电项目提供优惠低息贷款；同时对于在发展中国家的制造商，可为其提供至多出口价格70%的信贷补贴。在市场推广方面，德国政府为扩大可再生能源占据市场内的份额，采取对消费者进行补贴和政府优惠利率贷款两种措施。

此外，德国政府对可再生能源发展的财政扶持基本包括产业链的各个环节，政策十分完善。德国政府为鼓励科研机构对技术的研究、发展和创新，各个部门像经济教研部、技术部、环境部都对研发采取补贴政策，希望通过资金投入提高企业的安全感，保障研发投入的积极性，抢占未来技术的制高点。例如，联邦教研部仅 2008 年就拨出 3.25 亿欧元，用于对新能源项目的大量资金资助，其中大部分资金用于资助如亥姆霍兹国家研究中心联合会等科研机构，大力推动关于可再生能源的研究，也为其应用和发展打下坚实基础；恺赛尔太阳能供给技术研究所开展了“科学测量与评价计划”，全球第一个覆盖全境的风能参数测量和评价系统由此建立，它对风力发电设备的电功率、风速、风向等进行测量，为新型风机的研发提供了可靠的技术支撑。

（3）日本。日本虽然是发达国家，但其领土面积狭小，能源极度贫乏，大都来源于进口。在 1973 年第一次石油危机后，日本政府意识到了潜在危机，开始转变发展方式及能源结构。在福岛第一核电站事故后，日本不再单一研发核电，而是向太阳能、风能等清洁能源倾斜。目前，日本除核电以外的清洁能源发展趋势良好，均呈现出规模化、产业化、效益化。

此外，日本政府在 1997 年进一步制定了鼓励风力发电、废弃物发电等可再生能源的开发利用政策，希望通过法律、法规来规范日本可再生能源的开发，保证新能源模式的实施。例如，《电力设施利用新能源特别措施法》严格规定日本电力企业新能源发电的数量，以及相应的惩罚措施。2008 年的《新能源法》将太阳能、风能和生物质能等 10 种能源定义为新能源。2012 年的《再生能源特别措施法案》规定了日本电力公司有义务以固定价格进行收购可再生能源产生的电力。

在技术研究方面，日本政府注入大量资金对可再生能源技术进行基础研究，同时为了促进能源技术创新，出台了一系列吸引民间资本参与的政策，以占领未来能源科技的制高点。2007 年，日本加大对新能源技术研究开发的资金支持力度，投入总额高达 1153 亿日元。其中，有 245.6 亿日元用于实证试验，330.9 亿日元用于技术开发，576.5 亿日元用作技术推广支出。为了进一步提高新能源的市场竞争力，日本政府实行降低新能源研发成本并大力推进可再生能源技术推广应用的措施。例如，要求政府部门、国家机关单位、社会公共设施安装太阳光发电系统和太阳能热水器系统，发挥带头作用；按 9 万日元/千瓦时的标准对使用可再生能源设备的家庭进行直接补助，这些政策都大大提高了再生能源的推广率。

在财政方面，日本政府拨出专款对可再生能源项目进行补贴。每年对进行太阳能发电设施建设项目、风力发电设施建设项目、生物质能建设项目等企业进行财政补贴；对大规模从事新能源的企业，或积极宣传可再生能源的公共团体补助 50% 以内的宣传推广费用；对于符合新能源推广项目的，补助 1/3 以内的事业费；对积极使用可再生能源的企业和个人进行补贴。如 1997 ~ 2004 年日本政府支持住宅屋顶上安装的太阳能电池板总计投入 1230 亿日元。这些政策均起到扩大可再生能源用户范围的目的。

在税收方面，日本政府实施税收优惠政策对开发可再生能源的企业进行补贴。早在 1998 年，政府为鼓励企业积极从事可再生能源的开发与利用，税法中明确指出政府提供企业第一年利润的 30% 作为奖励。从 2006 年起，若企业购买风力发电等新能源设备，就减免购买设备的固定资产税。2008 年，发布《推广太阳能发电行动方案》，政府为承担家庭贷款税和改革促进税实行税收优惠。例如，对于家庭贷款税，贷款余额的 1% 可以从收入税中扣减；改革促进税方面，改革成本的 10% 可抵扣企业所得税，上限为 500 万日元。从 2009 年 4 月 1 日至 2011 年 3 月 31 日，若中小企业投资新能源产业，则对中小企业减征 4% 的法人税；对于销售电动汽车等新能源汽车的企业，可以享受增值税的减免优惠。

除此之外，日本政府通过提供低息贷款、信贷担保、出口信贷优惠来吸引民间资本促进产业的发展。多项经济鼓励政策的实施增强了公众满意度，极大地促进新能源产业的快速发展。

（4）韩国。韩国国土面积较小，煤炭、石油、天然气等资源也严重依赖进口。在可持续发展热潮下，政府大力推动新能源及可再生能源，并在 1987 年制定了《新能源和可再生能源发展促进法》，全面支持新能源及可再生能源技术开发。《新能源和可再生能源技术发展基本纲要》中提出未来 10 年新能源技术发展的重点。1992 年，韩国政府提出了 G－7 高技术发展计划，即美国、日本、英国、法国、德国、意大利、加拿大 7 个发达国家。在 G－7 计划的先导技术开发项目中，有 21 项属于新能源和可再生能源技术领域。随后几年，先后制定了第一期、第二期发展战略。具体如下：①1997 年，制定为期 10 年的《第一期新能源和可再生能源基本计划》，提出了发展重点紧随发达国家方向。②2003 年，制定了《第二期新能源和可再生能源基本计划》，分别从新能源发展目标、基础设施建设、提高本国能源供给率等方面进行分析。③2008 年，韩国又提出以绿色技术与清洁能源产业与工作岗位相结合的国家发展模式，进一步加强了相关产业的扶持政策。这些集中规划与投资绿色能源的模式促进了韩国新能源及可再生能源产业的全面发展。

2008 年，韩国国家能源委员会出台了《第一次能源发展基本计划（2008—2030）》，核心是把新能源、可再生能源培育为新的经济增长点，努力实现绿色增长，包括对能源合理利用计划、电力供给基本计划、天然气长期供需计划、新能源和可再生能源基本计划、海外资源开发基本计划等，并绘制出了对应“后石油时代”的长期能源政策蓝图。该计划大体包括四大战略和十大行动课题。四大战略即低能耗低碳社会、脱石化能源、绿色能源产业的增长动力化和能源自立的实现；十大行动课题包括提高能效、能源市场的效率化及构筑合理的价格体系、提高适应气候变化能力、新能源及可再生能源的普及与扩大、提高核电的供给能力及国民对低碳社会的理解能力、构筑绿色能源产业基础、扩大能源产业的海外扩张能力、扩大海外资源开发能力、能源的稳定供给和实现能源自立。

为实现能源的独立自给，构建"能源低消费社会"，韩国制定了具体目标：到2030年，将能源消费弹性系数降低至0.185，化石燃料降低至61%，新能源可再生能源的比重提高至11%，核能的比重提高至27.8%。石油、天然气的自主开发率提高至40%。韩国有望实现能源自立，能源产业将成为韩国的增长新动力。通过新能源技术开发，预计到2030年，韩国的新能源供给规模将与发达国家相平：①太阳能光伏由目前的80兆瓦增加到3504兆瓦，供给规模增加44倍；②风能增加37倍，由目前的199兆瓦增加到7301兆瓦；③生物质能增加19倍；④地热能增加51倍，增加到5606吉卡。可采用兴建100万户绿色住宅，实施新生能源义务配额制（Renewable Portfolio Standard，RPS）的方式增加公众使用新能源、可再生能源的需求。据统计，在借助政府的扶持政策后，2007~2012年，韩国的新能源及可再生能源企业数量增加了2倍，员工增加了3.4倍，销售额增加了5.2倍，对外出口额增加了3.4倍。

韩国产业通商资源部在2014年3月公布"四大创造经济产业动力项目"，能源产业就在其中。韩国采取相应措施去扩大能源市场份额：①政府部门需要作为表率，购买和使用新能源、可再生能源；②公共场所推广使用新能源，努力开拓新能源、可再生能源的市场，预计到 2022 年，新能源、可再生能源占国内市场份额为 49 万亿韩元。

2. 发展中国家的实践

（1）印度。印度国情与中国有相似之处，面临着人口与资源数量不匹配的问题，印度的人口数量庞大，而各种资源和能源又相对短缺。一些生态资源和不可再生资源由于经济的高速发展导致严重枯竭，造成如今的环境污染问题和生态与经济在发展过程中的不均衡问题。印度政府部门已经成立专门的机构应对此类问题，同时积极关注一些可再生能源的研发项目，专注于提高能效和环保性能，并提出国家水资源保护和增加森林覆盖率的绿色印度计划，建立气候变化的科学研究基金，拓展国外绿色发展和国际环保技术合作指导，参与清洁绿色发展方向的项目研究。为了推广清洁能源，辛格政府还提议建立国家清洁能源基金，提出对每吨煤炭消费收取 50 卢比（合 1.13 美元）等措施。

莫迪政府提出要减少对传统化石能源的依赖和对环境造成的破坏，大力发展以风能、太阳能为代表的可再生能源。2015 年以来，莫迪政府大力支持可再生能源的发展。值得一提的是，2015 年 6 月，莫迪政府提出可再生能源装机容量达到 2014 年总装机容量的 5 倍之多，达到 175 吉瓦。其中，太阳能将达到 100 吉瓦，风能 60 吉瓦，生物能 10 吉瓦，水能 5 吉瓦。在该计划中，仅太阳能的发展目标值就是上届政府尼赫鲁国家太阳能计划的 5 倍。在各项可再生能源中，印度政府寄予厚望的是太阳能，太阳能装机容量到 2022 年将增加 83 吉瓦，是现有容量的 588%，其增长规模 3 倍于位列第二的风能，而风能也将增长 27 吉瓦，将达到现有规模的 182%。在 2015 年底的巴黎气候变化大会上，莫迪提出“世界必须转向太阳，以驱动我们的未来”，并计划在

2030年前将印度碳强度在2005年基础上减少33%～35%，电力来源为非化石燃料发电的占比达到40%。

印度政府于2016年12月发布《国家电力计划草案》（Draft National Electricity Plan），更加明确了印度"十三五"（2017～2022年）和"十四五"（2022～2027年）期间对可再生能源的发展计划，并对既定目标进行详细的计划，如表5－2所示。根据该文件，印度将在"十三五"期间新增可再生能源装机容量115吉瓦，到2022年非化石能源发电装机的容量将达到46.8%，到2027年将达到56.5%。到2027年，印度的可再生能源总装机容量将达到275吉瓦，其中水电装机容量将达到72吉瓦，核电装机容量将达到15吉瓦。也就是说，印度计划在"十三五"期间增加115吉瓦的可再生能源产能，并且在"十四五"期间增加100吉瓦。

表5－2　印度可再生能源发展目标

提出目标时间	装机容量		发电占比		备注
	计划完成年份	容量（瓦特）	计划完成年份	占比（%）	
2015年6月	2022	175	2023	40	其中，太阳能100吉瓦，风能60吉瓦，生物能10吉瓦，水能5吉瓦
2016年12月	2027	275			"十三五"期间新增150吉瓦，"十四五"期间新增100吉瓦
2017年11月	2023	300			在2020财年末（在未来3个财年）新增超过80吉瓦的太阳能和30吉瓦的风能发电

印度政府于2017年11月发布《可再生能源发展三年规划》，

再一次为新能源发展设定新的目标。在该规划中宣布，到2022年，可再生能源装机容量将达到2亿千瓦（原目标为1.75亿千瓦，调整后增长14.3%）。印度将在未来3年内增加超过1.1亿千瓦的太阳能和风能。具体规划如下：2018财年完成太阳能发电1640亿千瓦，2019财年和2020财年都新增太阳能发电300亿千瓦，2017财年风电装机容量达到400万千瓦，未来两个财年每年将新增1000万千瓦。与此同时，印度还将建设50亿千瓦的海上风力发电，并计划开发一种风能和太阳能混合发电的项目。

截至2017年12月31日，印度的可再生能源装机容量仅为62.85吉瓦，印度在今后5年的年均增长率必须达到40%以上，才可能实现2022年200吉瓦的目标，即每年需要新增约270亿千瓦的装机容量，相当于2014年3月至2017年12月的总装机容量。

（2）巴西。巴西国土面积广大，自然资源在全球范围中较为丰富。主要原因是巴西是一个潜在的石油巨头，而且拥有独特的生物燃料“巴西模式”。巴西具有特殊的能源结构，它是全球经济大国中具有最高可再生能源比例的国家之一。仅在电能结构上，巴西可再生能源的比例就高达75%，数不胜数的自然资源足以支持水能、风能和太阳能的发展。然而，考虑到巴西水电开发已达到一定规模，政府并没有大力推广和利用水电，是为了避免能源结构过于单一的风险。在生物能源方面，世界上第一个实现生物燃料可持续利用的国家就是巴西。在生物乙醇和生物柴油的开发方面具有出类拔萃的实践经验，技术上处于领先地位的巴西，确实不同于别国的政策、产业链以及资金支持。

在政策方面，巴西于2007年出台《半导体和显示器工业科技发展支持计划》，规定电池和光伏面板生产企业在2016～2018年的研发投入必须达到净利润的4%以上，2019年科研投入比例只有达到净利润的5%，才可享受国家提供的工业制成品税减免以及其他优惠政策。2011年，巴西国家电力局发布的《巴西光伏发电技术和商业计划》规定，2017年12月31日前投入运行的光伏电站的用户收费折扣由50%提高到80%，优惠期长达10年。《2011年替代性和可再生能源政策》规定，私人投资的风力发电项目每单位装机容量不可多于5万千瓦，特许经营期至少为20年。政府保证购电协议，投资者可享受部分免税优惠政策，另外电力监管局将对于某些适合的可再生能源项目提供上网电价补贴。巴西的《加速增长计划》规定，2010~2050年，巴西对电力行业的投资总额将达到7980亿美元左右，其中97%投资于太阳能光伏、生物质能、风能、海洋能等可再生能源技术。

2016年，巴西政府提出，在未来5年内，实现建有小型太阳能发电站（低于5000千瓦）的家庭都有资格获得上网电价，这一政策的主要目的是鼓励建设太阳能电站。巴西矿业及能源部提出到2026年实现48%的可再生能源份额的能源计划，届时3.51亿吨石油当量的能源将被利用来推动经济发展。根据10年能源计划，2026年巴西国家互联系统的装机容量将突破212.5吉瓦，其中超过50%来自非水电资源。到2026年，风电容量将达28.4吉瓦，太阳能容量约9.6吉瓦，生物质能容量16.9吉瓦，小型水电容量8.1吉瓦，大型水电容量达103吉瓦。

（二）绿色政策的实施

1. 绿色技术创新激励政策

（1）绿色财税政策。

1）美国。美国现有的财政及税收政策都较为完善，直接财政补贴和税收支持政策都为绿色创新技术的促进提供了良好的环境，为其提供了必要的外部支持。在现有的财政税收政策中，税收支持政策发挥了极为重要的作用。通过税收补贴的方式，进一步减少绿色技术创新的阻碍，同时使这些企业享受一定的税收优惠，让其在创新绿色技术的过程中不断优化升级，不必担心税收问题。同时政府对于从事绿色技术开发和推广的公司也给予一定的税收优惠，用绿色技术代替传统技术，让企业能够认识到绿色技术的生产价值。同时政府部门对一些特定商品会征收消费税。“美国通过对破坏臭氧层的化学品征收消费税来促进氟利昂替代技术的发展；通过征收汽油税来促进汽车节能技术和电动汽车制造技术的发展。”美国政府通过对绿色技术的税收优惠政策和对传统技术加征消费税来促进绿色技术创新。

2）日本。现如今，日本政府建立了世界上最先进的循环社会。日本政府针对绿色发展工作建立了相关法律法规，并在后期发展中对法律体系不断进行完善与整合，以绿色发展法律作指导，从战略视角出发，积极做好对绿色发展的规划工作，使绿色发展更具有计划性与合理性。与此同时，为使企业拥有更多的资金开展绿色投资活动，日本政府提供了充足的财政支持与税收支持，为企业绿色技术的研发工作提供了便利的通道。此外，日本政府积极扩大对外合作效益，加大资金在绿色应用程序方面的投入力度，使对外合作同样朝着绿色的方向健康发展。

1971 年，日本政府为了对混乱分散的管理体制状况进行优化与整合，特创设计环境部，创建“环之国”会议机制，促使环境部门对相关部门进行协调工作，让更多的政府部门、企业机构参与到环境建设工作中。日本政府部门作为绿色发展战略的主导者，在开展绿色发展规划的同时，对社会体系也进行合理规划，创建一个具有循环性的社会体系。早期日本便针对环境问题提出新能源和低碳新兴产业的经济刺激计划，包括太阳能、环保汽车、生物技术等产业。后来，日本政府部门针对绿色发展颁布《绿色发展战略总体规划》，将新型环保汽车和海上风电共同列为促进绿色发展的三大产业支柱。

绿色产业的研发和推广同样受到日本政府部门的重视。日本积极对绿色产业研发与推广进行预算与融资，为绿色产业研究与绿色产业推动奠定稳固的资金基础，在一系列优惠政策和补贴政策的作用下，日本绿色产业研发与绿色产业推广朝着一种循环经济法方向健康发展。政府提供的能源补贴比例通常情况下被控制在1∶3的比例，能源引进单位最高能够从政府部门获取高达2亿日元的财政补贴。政府对日本民营企业同样制定了相关政策体系，企业在开展工艺改进、设备投资等合理绿色活动时，可以享受政策性贷款利率，可以明显降低民营企业在绿色产业发展中的税收负担。在绿色发展过程中，政府部门加大中小企业在绿色能源开发、节能技术应用方面的投入力度，出台转型折旧制度以及相关补贴制度，充分调动市场活力，使节能减排工作能够真实全面落实到位。1985年，日本政府部门逐渐加大对污染物控制的资金投入力度，在减少和控制污染方面的投资额度达到当年环境处理总投入的85%。日本政府部门对污染物的处理力度不断加大，并将总投资额度从1985年的85%提升到1990年的90%。日本政府部门采取一系列对污染物的控制措施，有效减少了污染物的排放量，降低污染物对生态环境的破坏，在环境保护事业方面取得了巨大成就。20世纪80年代，日本限制了污染物的年产量，用于控制污染物的资金也基本稳定在6000亿~7000亿日元。90年代，日本政府进一步加强对污染物的治理，对水污染进行严格控制，同时降低各项能源的消耗量。

日本之所以能够在绿色产业发展方面占据高地，除了政府部门的财政推进政策，还与日本政府在绿色发展过程中积极开展绿色外交工作有密切联系。1991 年，日本环境部在东京主办首届亚太环境会议。自 1993 年以来，日本每年都在不同的城市举行亚太环境会议。截至目前，日本已成功举办 16 届亚太环境会议。1997 年 6 月，由联合国举办的第三届气候变化大会在日本京都顺利举办，并在大会上签订《京都议定书》，立志将有害气体的排放量降到最低。日本在北海道举办的八国集团“地球环境问题”首脑会议中表态：日本高度重视亚太地区和世界的环境问题，并且希望将先进的科学技术应用到环境管理中，使先进的绿色技术在国家发展中发挥积极作用。

（2）绿色采购政策。

1）美国。美国目前阶段的相关政策已经较为完善，符合绿色发展的要求。第一，现有的采购政策制定合理，并且有与之配套的认证系统。“在实践中，通过美国环境保护局发布和推广的环境卓越采购项目、能源之星项目、电子产品环境评估工具项目等，建立了一套全面的绿色认证体系。”第二，政府部门重视对中小企业技术创新的政策扶持。在进行技术创新的过程中，高校技术科研和企业的技术创新固然重要，但中小企业的技术创新也是市场竞争中不可忽视的重要力量。第三，注重绿色采购，尤其注重生产过程这一阶段的绿色发展，如生产设施选择等。从全生命周期的角度来看，不光要考虑购买过程中消耗的成本，同时也需要考虑整体成本，这样才能够有效降低绿色产品的成本，实现资源合理循环利用，使得中小企业抛开成本顾虑，积极参与到绿色技术创新中。

2）欧盟。欧盟经过长期的发展，在综合考虑环境、经济和社会效益的基础上，形成政府绿色采购政策体系。

首先，欧盟制定和完善了相关法律规则和制度。2004 年 3 月 31 日，欧盟颁布了政府采购指令（2004/17/EC 号指令——《关于协调采购水、能源、运输和邮政服务的采购程序的指令》和 2004/18/EC 号指令——《有关政府采购工程合同、政府采购产品合同及政府采购服务合同决标的协调程序的指令》），并于 2008 年 9 月进行了修订。绿色采购的大部分问题在指令中都有详细的解释，为了帮助供应商、服务提供商和承包商更好地理解和满足政府绿色采购的要求，专门为采购机构和集团采购商发行了《政府绿色采购手册》，并通过此手册统一了欧盟绿色采购计划。

其次，在宏观政策方面，1997 年 6 月，欧盟签署了《阿姆斯特丹条约》，其中第 6 条规定，“环境保护要求应该纳入共同体政策和行动的执行中……特别是考虑到促进可持续发展”。2001 年 6 月，欧盟提出《可持续发展战略》（SDS），并确定将经济增长、社会凝聚力和环境保护相结合作为可持续发展战略的核心。2006 年 6 月，欧盟修订《可持续发展战略》。在这次更新中，欧盟成员国达成一个目标：到 2010 年，欧盟绿色公共采购的平均水平将与目前实施绿色公共采购的最佳成员国持平。

再次，欧盟在环境标识政策方面也取得了显著的成效。欧盟的环境标识制度自 1992 年开始实施，为欧盟消费者选择绿色产品提供了很大的便利。对于一些特定的产品环境标志，消费者可以选择其他健康、绿色、环保的产品来替代某些产品的环保标签。欧盟已经制定环境管理标志的相关法律法规，明确了欧盟环境标志计划运作的法律框架，欧盟委员会联合决定制定的产品也必须符合欧盟环境标志的相关法规和要求。当前欧盟团结的环境象征是“一枝花”。此外，在国家层面，也有高于或等于欧盟统一环境标准的环境标志，为绿色产品在市场上的发展提供了公平竞争的平台。

最后，在环境技术政策方面，2004 年 1 月，欧洲委员会根据欧盟里斯本议程的目标，推出了《环境技术行动计划》（ETAP），以促进欧洲可持续发展技术的开发和应用。《环境技术行动计划》指出，改善环境技术市场需要政府支持绿色政府采购。2005 年 1 月，欧洲委员会在《环境技术行动计划执行的诠释性报告》中再次强调国家行动计划的重要性，指出这些计划应为促进绿色政府采购确立目标和基准，指导政府采购人员，并为他们提供切实可行的工具。同年 7 月，欧洲议会通过《欧盟环境技术行动计划决议》，呼吁“委员会要制定目标，建立包含环境标准的政府采购任务；还强调了环境技术的确认机制是推进政府绿色采购应用的重要工具”。

（3）绿色金融政策。1988 年，德国成立世界上第一家绿色银行——德意志联邦共和国金融中心，以促进其绿色产业的发展。美国在 20 世纪 90 年代末首次提出绿色信贷，并从立法的高度推动绿色信贷的发展。截至 2016 年底，生态保护相关法律法规推动了绿色银行信贷的快速发展。赤道原则由国际金融公司和荷兰银行于 2003 年制定，美国、德国、英国等 7 个国家的 10 家银行首批宣布加入，这表明绿色信贷首次被推向国际化。

1）日本。日本高度重视环境保护政策，提供详细的战略设计和法律支持。顶层设计在国家层面进行，具体政策的制定和实施由环境部单独制定。环境部制定的战略设计如下：第一，在制定环境保护系统的基础上，政府和公众共同促进环境保护政策的实施；第二，通过使用灵活的财务预算方法列出个性化的需求清单；第三，我们应该关注社会管理并进行有效的管理。其政策思路包括：一是在国家财政支持的基础上，灵活运用财政机制，促进投资，创造市场；二是在四个方面提供财政支持，创建低碳社会，如图 5－1 所示。

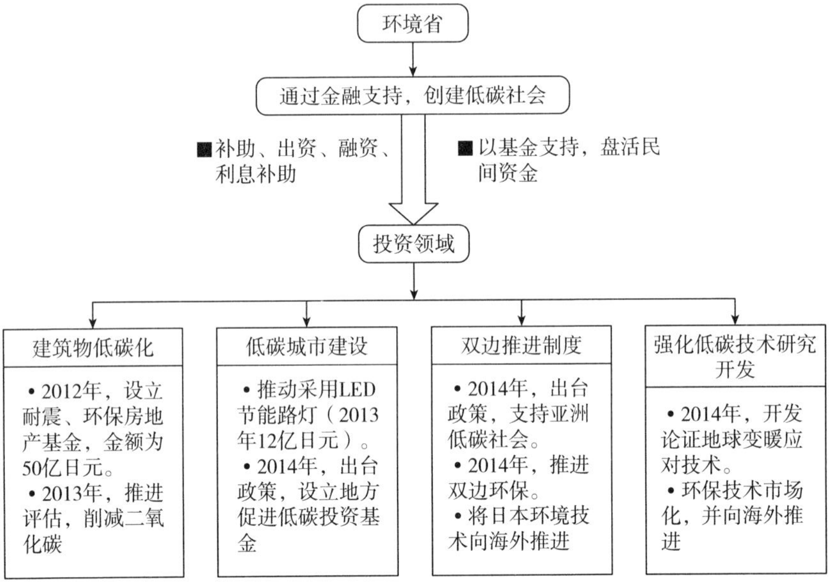

图 5－1　日本环境省在四个领域的资金支持

为实现环保产业和金融市场的互动，促进绿色金融发展，日本政府采取以下两种方式：一是对环境保护事业进行投融资，通过引进新能源设备来进行融资以及对环境类创业投资企业投融资等；二是鼓励和评价那些将环保思想融入企业行为的经济主体，开展环境评级融资和社会责任投资（RI），推进低碳企业融资，积极推进环境保护事业发展。

2007 年，为在国家层面组织绿色信贷，环保部与金融机构设立环境融资贷款贴息专项部门。2007 年 11 月，财政部下设的日本金融公库成立环境和能源对策基金，提供低息贷款，促进中小企业的绿色发展，使中小企业秉持环保节能的态度对设备进行更新换代。在中央政府的领导下，地方政府也积极引导企业实施绿色信贷，促进绿色企业共同发展。

为了更好地协调日本环境和金融部门之间的关系，2010 年，环境部发布《环境与金融：金融部门在建设低碳社会中的新作用》，提出环境金融行动的原则，鼓励绿色金融的广泛应用。2011 年 10 月，《21 世纪金融行动准则》（PFA）在广泛征求社会意见的基础上形成。PFA 提出金融业应该为日本的可持续发展做出贡献，并建立了相应的组织，制定了 7 项具体的行动原则。目前，该组织已有 175 家金融机构加入并签署协议，反映出日本金融版面的意识形态正在逐步提高。同时，为了促进实现《21 世纪金融行动准则》，环境部制定相关法律法规，提出了一系列政策和措施，并于 2014 年建立环境管理体系（EMS）认证和注册机制，检验实施的环保企业，对企业环境保护项目进行评估并提供必要的指导。

2）中国。随着社会发展，环境治理在中国逐步受到重视，对绿色发展提供资金支持已成为环境治理的重要战略举措。绿色信贷方面，2005 年，国务院发布《关于落实科学发展观加强环境保护的决定》，对于不符合环境保护标准的企业，不允许银行贷款给它们，这是中国第一个绿色信贷政策，标志着中国绿色金融的开始。2012 年和 2014 年，银监会分别印发了《绿色信贷指引》和《绿色信贷实施情况关键评价指标》两个纲领性文件，进一步规范了绿色信贷治理。随着国内政策的逐步规范，绿色信贷国际化进程稳步推进。2008 年和 2017 年，兴业银行和江苏银行正式加入《赤道原则》。

2015 年，中国首次发行绿色债券。截至 2016 年 5 月，中国绿色债券发行规模居世界首位，国内外绿色债券发行总额已达 460 亿美元。中国首次发行绿色债券的时间和规模与国际发达国家基本同步，市场潜力巨大。中国应充分发挥后发优势，不断建立和完善相关制度法规，为全球绿色债券市场的长期健康发展提供新动力。

中国绿色保险市场还处于起步阶段，尚未推出符合国际标准的绿色保险产品。目前，只有环境责任保险被称为绿色保险。中国从 2008 年开始在部分省份实施环境责任保险，到 2012 年底，已有十多个省份被指定为试点地区，但参保企业相对较少。

2. 市场导向的绿色创新

作为绿色技术创新的基本要求，市场导向应充分发挥市场的决定性作用，在技术创新、技术路线选择和创新资源分配方面，提升企业在绿色技术创新的主体地位，努力促进绿色技术创新的发展，符合实际需要。

（1）绿色资本市场。随着可持续发展理念的兴起，绿色发展逐渐成为全球共识，代表着国际金融市场发展的新动态和新方向，资本市场绿色化发展已经实现。

1）建设绿色证券制度。首先，制定环境信息披露制度。由于企业所涉及的环境信息对投资者的决策有很大的影响，也是衡量企业声誉的重要因素，绿色证券体系的建设要求环境信息的强制性披露。越来越多的国际监管机构和交易场所要求企业发布环境信息，一些组织逐步将信息披露的范围扩大到外部环境、社会和治理（Environmental，Social and Governance，以下简称为 ESG 信息披露）。到目前为止，英国、德国、加拿大、巴西、马来西亚、新加坡、波兰、挪威、菲律宾等国家的证券交易所都发布了上市公司 ESG 信息披露要求或准则，其中许多交易所制定了强制性的环境信息披露制度。

其次，编制一个绿色索引。国外绿色股票指数也分为三类：一是 ESG 指数，包括社会、环境和公司治理指数。二是环境生态指数，包括低碳、水资源和非化石燃料指数。三是环境保护产业指数，包括资源管理、污染管理和清洁技术指数。然而，由于国外环境信息数据可靠，绿色股票指数主要基于 ESG 指数。同时，外国绿色投资者的环保意识更强，投资规模也比中国更大。

最后，发展绿色证券投资基金。随着全球环保意识的提高，大型证券投资基金越来越重视企业的可持续发展，绿色产业已成为投资重点。据统计，2014 年底，欧洲用于可持续发展和绿色产业项目的资金达到 6.7 万亿欧元，全球社会责任投资基金同期资产余额超过 21 万亿美元。

2）发行绿色债券。2007 年，欧洲投资银行发行世界上第一种绿色债券，一种价值 6 亿欧元、AAA 评级、5 年期的“气候意识债券”。此后，全球绿色债券市场发展迅速，年复合增长率超过 50%。直到 2015 年 12 月底，全球共发行 564 只绿色债券，融资 1013.4 亿美元。绿色债券市场能够在世界范围内迅速发展，主要有两个原因：一是积极的政府政策支持。一方面，政府努力降低发行绿色债券的融资成本和发行难度，对绿色债券的发行采取投资者补贴模式、直接补贴模式或给予一定的收入税收优惠等政策；另一方面，政府和事业单位直接参与绿色债券发行项目，从上到下推动绿色债券市场的发展。二是统一绿色债券标准和认证体系。2014 年 2 月，国际资本市场协会与绿色债券原则执行委员会联合推出“绿色债券原则”（The Green Bond Principles, GBP），规范绿色债券的认定标准、项目分类范围和融资的具体管理要求。到 2015 年 12 月底，多达 110 家绿色债券的发行人、承销商和投资机构成为 GBP 框架的成员，有效推动全球绿色债券市场向透明化、标准化方向发展。此外，绿色债券信息披露机制的加强和投资者绿色投资理念的逐步成熟也促进绿色债券市场的快速发展。

3）设立绿色产业基金。近年，绿色产业基金在美国、日本等发达国家的增长速度越来越快。在美国，绿色基金发行的主体是各大机构；在日本，企业环保意识逐渐增强，积极参与环境改善，推动绿色产业基金的发展。由于各国金融市场发展的显著差异，绿色产业基金的绩效也不尽相同。在资金来源方面，绿色产业基金有限合伙的形式的资金来源在美国主要来自养老金、个人和家庭；而在日本、欧洲和其他国家，主要来源则是证券公司、银行和保险公司，个人贡献仅仅是一小部分。在组织形式上，美国的绿色私募基金通常采取有限合伙的形式；而日本和欧洲国家的绿色私募基金模仿银行体系，采用投资、审查和信息功能的组织结构。在投资领域、投资阶段和退出机制上，美国更愿意将资金投入高科技企业的初创阶段，通常通过 IPO、企业并购等方式退出；日本、欧洲等国家更注重投资风险较低的企业的成熟期，不同的是，IPO 和企业相互持股是日本常用的退出方式，而欧洲国家绿色私募基金的资金退出机制与美国更为相似，即通过 IPO 和企业并购等方式退出。

4）构建绿色市场体系。英国资本市场体系主要涵盖国家集中市场、国家二板 ATM、国家三板 OFEX 和区域市场。其中，OFEX 市场的主要功能是为中小企业、高新技术企业和非上市企业提供融资和转移服务。英国的监管模式强调“自我管理”和“自我约束”，即对资本市场采取自我监管模式，除去必要的国家立法，政府提倡减少对资本市场的干预，只在法律或自治不起作用时才进行一定的干预和调节。

日本选择建立多层次资本市场体系。日本是全球第二大股市，也是亚洲第一大股市。第一层是东京、大阪、名古屋、京都、广岛、福冈和札幌7家交易所的主板；第二层是交易所市场的第二部分，即中小板；第三层是新兴的创业板市场。日本政府构建了一个面向各类中小企业的金融体系，并综合运用投资、贷款、担保、保险、租赁等融资手段，为中小企业的融资扫除障碍。日本银行在企业融资方面发挥主导作用，而股票、债券等直接融资则处于从属地位。

（2）风险投资。风险投资与高新技术产业有着天然的有机联系。一方面，企业技术创新需要风险资本的强力支持，若风险资本有合理的资本配置、约束、激励机制和管理体系，可以有效地把资本、技术、人才有机结合，促进高新技术企业的发展，成为高新技术产业的“发动机”和“孵化器”。另一方面，高新技术产业的发展也可以促进风险投资的发展。高新技术产业技术创新速度的加快、科技项目发展周期的缩短和高新技术企业的不断成长和更替，可以为风险投资提供新的对象，客观上也促进风险投资机制本身的发展和成熟。

在发达的经合组织国家，如美国、法国、德国、丹麦、加拿大、澳大利亚等，风险资本在高科技产业部门风险资本总额中所占的比例非常高。2008年，计算机、生命科学、电子和通信行业的风险投资总额占美国风险投资总额的70%以上。

1）增加风险资金比例。许多处于初创期的科技型企业面临的主要问题就是融资难度大，这将直接导致大量风险企业无法继续健康发展。世界各国的发展经验表明：处于初创期、种子期的科技企业作为技术成果转化的重要载体，是促进科技创新和推动经济增长的重要力量。因此，只有对处于初期阶段企业进行风险投资才能使风险投资的意义最大化。美国对种子公司和初创公司的风险资本投资一直在增长，当然其风险资本投资也获得了巨大的风险回报收益。1994 年以来，日本风险投资逐步进入企业成立初期，这为风险投资企业的早期发展提供了强有力的保障。

2）政策灵活。在发达国家，机构投资者在风险投资中所占比例较高。20 世纪 70 年代末，美国政府允许 5% 的养老基金投资风险资本，使机构投资者成为风险资本的主要来源。英国颁布的《1994 年保险公司条例》对保险公司投资的限制不再严格。丹麦、瑞典等国已逐步放宽对机构投资者的投资上限。在美国，资本利得税监管已成为促进风险投资发展的主要手段。从联邦政府到州政府，刺激风险资本的税收激励措施都已到位。英国有两项主要的资本利得减税法规，即《公司投资法规》和《创业投资信托法规》。其中，《公司投资法规》从 1994 年开始实施，为投资风险资本的投资者提供所得税减免、资本利得税抵免、递延资本利得税等税收优惠。

3）引导基金。在发达国家，政府设立引导基金一般是为了分担风险，提高私人投资者的利润率，从而有效地刺激私人部门风险资本的发展。同时，积极引导风险投资进入科技企业的初创阶段和种子阶段。美国的小企业投资公司（SBIC）计划、以色列的 YOZMA 计划和德国的高科技创业基金等项目都取得了很大的进展。美国的小企业投资公司项目是私营部门和政府的合作伙伴关系。民营风险投资公司通过申请加入政府设立的小企业投资公司，与政府合作进行风险投资。其目的是引导更多的私人资本进入早期和种子期企业。SBIC 可以使美国政府帮助那些没有办法从银行或其他私人资本来源得到的权益资本和长期贷款的一些小企业顺利融资，主要是支持在初创阶段和种子阶段的中小企业，特别是 SBA 向传统的小型成长企业提供风险投资的首要方式。

以色列的 YOZMA 计划要求基金投资处于早期阶段的技术创新者。与此同时，政府给予私人投资者一个选择权，让它们在该基金成立 5 年内以预定的较低价格购买政府的股份，以此作为补偿。在德国，为了解决市场上早期企业融资不足的问题，德国政府推出高新技术创业基金，通过参股支持以研究开发为基础的新企业。

3. 科技中介参与绿色创新

美国的技术中介机构在企业的绿色创新中发挥着举足轻重的作用。大量金融中介机构在美国兴起，每一个公司都拥有基础的法律顾问和经济顾问。科技中介组织的存在有其必然性，在如今的经济环境下，要想在法律的约束下选择经济发展方向，更好地进行企业的发展，就需要科技中介组织提供必要的信息咨询服务。多种信息咨询机构互相合作、协调发展，可以为企业提供高价值、高时效的信息帮助，在加速信息流通的同时可以有效地促进科技的发展，让企业了解到信息的价值。

4. 法律法规支持绿色创新

（1）美国。美国确立了严谨的绿色技术创新法律体系，制定了《环保署执法法规》和《执法措施》，注重执法的规范性和严肃性。美国国会制定的联邦法律强调在宏观的层面上制定原则及计划；联邦总统行政命令强调进一步细化政府绿色采购的监管条例；联邦政府采购法规强调政府对绿色采购进行全方面标准化规定，对具体内容做出详细规定，使操作更加规范、合理。

1969 年，美国国会通过《国家环境政策法案》，为企业履行环境保护义务和行政机关行使环境管理权提供法律依据和最高标准。此后美国还制定和修改《清洁空气法》《清洁水法》《技术转移法》《固体废物处置法》《全国合作研究法》《有毒物质控制法》《大学与小企业专利法》和《噪声控制法》等相关法律，促进绿色技术创新。

1980 年的《斯蒂文森—威尔德勒技术创新法案》修订为 1986 年的《联邦技术转移法案》，1989 年的《国家竞争技术转移法案》进一步修订了专利权，增加对发明人的奖励。为了使接受者更集中于企业、公司和其他实体，原法案中从国家质量奖获得者的类别中删除了医疗保健提供者和教育提供者。这说明随着时代的发展，企业作为市场活动主体在技术创新中的地位和作用越来越受到重视。

1982 年，美国修订《小企业创新发展法案》，为小企业技术创新和转让提供更全面、更具体的激励措施，并于 1992 年更名为《小企业技术转移法案》。1984 年开始实施的《合作研究法案》经修改后，于 1993 年更名为《国家合作研究生产法案》。在 1995 年出版的《国家技术转移和促进法案》则站在联邦政府的角度鼓励技术和产业创新市场化，例如，主要是讨论合作协议产生知识产权的分配问题和收益分配安排，如《斯蒂文森—威尔德勒技术创新法案》和对执行技术标准的程序进行微调的《国家标准与技术协会法案》。

（2）韩国。为增强国家产业竞争力和创新力量，韩国于 2001 年制定的《中小企业技术创新促进法》和于 2006 年制定的《产业技术创新促进法》，明文规定政府及技术创新主体在创新发展道路上应承担的责任，大力促进产业技术发展，巩固了产业技术创新基础。韩国政府已明确表示，政府应该促进技术创新，进行技术创新主体之间的合作与交流，扩大技术创新资源，进行综合计划的制定和实施，促进工业技术创新。高校和科研机构要输出和培养优秀的产业技术人才，为产业技术创新做出贡献，为开发新的产业技术而不懈努力。企业还应增强自身的技术创新能力，不断发展工业技术。

（三）绿色实践的启示

1. 选择恰当的绿色增长方式

因为片面追求经济发展，很多国家周边环境质量迫不得已放弃，这激化了经济与生态的矛盾。无论是发达国家还是发展中国家，都应立足国情，选择适合自己的绿色增长方式，突破经济发展瓶颈期。例如，德国和新加坡通过空中花园、绿色建筑、雨水收集等方式，弥补因建筑发展而失去的绿地和淡水，这种独特的绿色建筑和绿色基础设施（雨水利用，屋顶绿化）是值得进行参考和推广的。

2. 再生能源发展是重点

无论是发达国家还是发展中国家，都需要在政府部门的立法指导下走绿色发展道路。加强市场的宏观调控，可以避免单一市场调节对行业的发展影响，也能够有效克服一些不稳定因素，推动绿色产业的可持续发展。结合国会立法和政府中长期发展规划，提出利用财税杠杆促进绿色低碳增长政策，规定绿色经济、科技研发和能源政策前沿发展战略。美国、日本、德国和法国等都发现可再生能源的商业价值，并利用技术研发、商业集成和费用等支持措施将对太阳能、风能和核能的保护落在实处，最大限度地保证能源安全，在促进经济发展的同时减少污染排放。因为发展中国家本身的局限性，即使认识到新能源和可再生能源的长期价值，也会因为资金和技术等方面无法追上欧洲、美国和日本等国家。即便如此，各国也紧紧抓住绿色增长机遇，加大对绿色发展的关注，从各个方面逐步突破问题。例如，韩国政府选择6个绿色科技产业来发展，印度将重点放在太阳能，巴西从生物燃料和风能开始，俄罗斯优先发展核电和氢能。

3. 绿色技术的研发和应用是核心

发达国家清晰认识到研发绿色技术是未来增强经济竞争力和全球影响力的核心竞争力。美国明确指出："能源领域是科技创新的关键领域。投资于新能源研究和开发对美国的未来比投资于任何其他领域都更重要。"美国精英普遍认为，"引领绿色能源技术发展和引领新能源革命将在很大程度上决定美国经济的未来，包括其经济增长潜力、长期能源安全以及在经济和技术创新方面的全球领导地位"。该观点在国际上获得普遍赞同，美国、日本和欧盟把注意力转向研究与开发高效使用传统能源、新能源和可再生能源的商业利用技术，大力发展围绕绿色节能和低碳技术的绿色环保产业和低碳经济模式。因此，西方发达国家在节能环保、智能电网、新能源设备、碳补给与封存等方面具有显著优势。

4. 政策激励和市场导向是手段

回顾世界不同国家的绿色发展历程，政府部门为绿色发展提供法律保障，有利于扶持初期绿色低碳产业发展。通过一些财政税收优惠政策，为绿色产业发展添砖加瓦，也能更好地督促企业进行绿色技术创新。随着绿色产业发展的不断成熟，政府会逐渐减少对绿色技术的扶持和刺激。这能在一定程度上避免新能源产业的投资风险和技术研发的不确定性，也可以促进新能源市场的竞争，推动技术不断优化升级，逐步压缩新能源产业成本，降低新能源在商业上的应用。例如，在“余电入网系统”盛行时期，美国和德国都对普通电网运营商限制远高于市价的电量，但对太阳能公司和城市居民不加以限制。近年来，光伏产业的快速发展得益于对剩余电价年降幅的调控以及返利安装费、购置贷款（PACE）、减税等措施。

若仅仅依赖政府部门进行投资、税收优惠等政策推行绿色发展，会加大财政压力，甚至出现资金断链等情况，进而阻碍绿色创新的进一步发展。我们应双管齐下，充分发挥市场的导向作用，适当压缩政府职能，以明确资源开发产权为前提，建立科学完善的贸易制度，通过绿色金融、绿色保险等方式来推动绿色发展在实务上的应用。

第六章

生态文明视角下绿色创新制度体系的构建

生态环境问题是社会工业化发展不可避免的产物，不同学界的学者纷纷探求解决之道，人们也开始深度思考新时期现代化文明的去向。中国特色社会主义的新阶段，社会矛盾有了历史性的变化，人民日益增长的对美好生活的需要，只有在全面贯彻新时期的发展理念下才能实现。绿色创新因在激励政策、法律制度、创新动力和社会参与等方面的缺失，使生态文明建设受到严重的阻滞。而有效的制度设计能够促进绿色创新的开展，完善的制度可以更好地推动绿色创新的实现，基于国家创新系统理论，依据健全市场、公众和组织参与、舆论引导等绿色创新制度体系构建思路，在保障人民权益的同时激发人民的主动性和创造力，进而激发全民族的绿色思维和绿色创新能力，为提高综合国力、实现民族的伟大复兴而努力。

一、绿色创新制度的内涵

（一）制度的定义及内涵

在现代社会中，制度是我们非常熟悉的概念，使用频率非常高，以至于大家都可以广泛使用并且无须界定。但是我们在深入研究制度的本质时，却很难定义。可以发现，这种情况的出现是人们从不同角度对制度进行梳理和运用的结果。

严格地说，马克思是制度研究的早期理论家。然而，创始人并没有从一般意义上对这一制度做出明确的界定，马克思一直是在特定的历史条件下研究这一制度的。他的著作中，从多个层面和角度阐述了系统的概念，他认为制度包括各个方面的计划，就像产权制度、企业制度、土地制度以及法律制度等，内容较为全面和详细。对于制度的定义，中外学者的解释不尽相同。部分西方学者对制度做了不同界定。其中，旧制度经济学家凡勃仑和康芒斯对制度的解释最具有一般意义。

凡勃仑曾经定义制度为思想习惯，这种定义在一定程度上揭示了制度可以是一种非正式规则的行为，也揭示了制度可作为正式制度规则的存在形式，可以是一种意识形态，无形之中对人产生一种约束。从康芒斯的定义中可以看出，他强调制度是一种正式的行为规则。虽然凡勃仑和康芒斯都没有对制度的定义做最完整的阐述，但他们已经揭示制度定义的两个不同层次。

此外，新制度经济学家诺斯给出制度更多的定义："机构是社会游戏（博弈）的规则，严格意义上讲，它们是一系列约束，旨在确定人与人之间的关系。制度由非正式的约束（道德约束、禁忌、习俗、传统和行为准则）和正式法规（宪法、法令、产权）组成。"

诺斯还认为，"制度提供了一个框架，在这个框架内，人类可以相互作用、相互影响，形成一个社会，或者更准切地说，是一种合作与竞争的经济秩序关系"；"制度是一系列规则、守法秩序、行为伦理和伦理规范的制定，其目的是约束个体行为，使主体的福利或效用利益最大化”。虽然诺斯给出了很多关于制度的定义，但这些定义只是不同的字面表述，而制度的本质是一种“规范人们行为的规则”。

舒尔茨认为制度是为了经济而服务的，并且将制度定义为“是一系列规范人们行为的规则”。日本的新制度经济学家青木正彦从博弈论的角度对制度提出三种看法，即把制度看作博弈过程中的参与者、博弈规则和博弈参与者的均衡策略。他支持博弈均衡的制度观，并通过系统分析给出自己对于制度的定义：制度是一个自我维持系统，是关于博弈如何进行的共同信念。从本质上来说，制度是均衡博弈路径特征的集中体现，几乎所有相关领域的参与者都认为均衡博弈路径与他们的战略决策相关。因此，制度以自我实现的方式约束着参与者的战略交互，而参与者的实际决策又在不断变化的环境中再现。

我国一些学者对制度的定义也进行了不同阐释。李建德认为，制度是人类社会的共同信息。柯武刚和史漫飞强调，制度是一种可以规范一些人怪异行为的规则。其中，从普遍意义上讲，林毅夫认为制度是一套社会中的个体遵循的行为规则。张宇燕则认为，制度的本质就是习惯和规则。

显然，从诺斯等著名经济学家到我国的一些普通学者，都未能给出更准确、更一致的制度定义。然而，经济学家对新制度相对一致的定义为：制度是在特定群体中建立并且实施的一种行为准则，这种行为准则可以抵制任何有可能发生的机会主义行为，使人们的行为具有可预测性。这一定义反映出制度的共性。也就是说，制度是人们行为规范或规则约束。它具有以下五个基本特征：一是习惯性，这是历史的沉淀；二是确定性，它清楚地告诉人们能做什么，不能做什么，这给人类的行为带来方便；三是公平性，同样的行为要遵守同样的规则；四是普遍性，适用于没有特殊原因的所有人；五是符号性和禁忌性，简单的符号清楚地告诉人们行为规范。

通过以上对新制度经济学中制度定义的分析，我们可以看出制度的内涵是比较宽泛的。首先，制度可以理解为一系列行为规范，换言之，通过一些惩罚性规则限制人们的违规行为，从而达到规范人们行为的目的。其次，制度可以理解为一种关系，通过这种关系，制度可以揭示制度与人的行为以及制度与人类行为动机之间不可分割的关系。最后，该制度也可以理解为“公共产品”。这表明有些制度适用于所有人。一旦这个制度建立起来，所有人都需要遵守和执行。此外，制度也与组织有一定的区别。制度可以理解为游戏的规则，而组织则是执行游戏规则的主体。

尽管许多经济学家对制度的定义有各种各样的解释，但我们对制度的认识仍然形成共识，一致认为制度是一系列约束行为的规则。

（二）绿色创新制度的内涵

绿色创新制度是指为鼓励、促进和保障绿色创新的指导、约束和规范而制定和形成的各项规章制度的总称。主要内容包括相关政策的设计与实施、相关法律政策的制定、相关产品的开发与生产、企业文化的形成与塑造、公众与组织的积极参与。绿色创新制度在引导技术创新方面，可以激发创新主体的创新意愿，进而引发技术创新行为。另外，在提高效率上尤其是综合效率、技术创新效率等，可以对技术创新的外部效应起约束作用。

吴敬琏认为，在促进技术发展时，技术创新的制度设计带来的促进作用远大于技术本身的发展，因而绿色创新制度在功能上表现为引导性、约束性和激励性。首先，制度的引导性。绿色创新制度的设计和实施可以将技术创新向绿色化、生态化和公益化推进，针对技术创新的科学技术奖励的制定、国家级别基金制度或者政府性科技奖励等，都会起积极的引导作用。其次，制度的约束性。合理的制度能够防止绿色创新的外部效应，提高对不确定性的预期，从而实现技术创新风险的降低，从经济、社会和生态几个方面增加效益。正如美国经济学家诺斯所说，制度就是因降低不确定性而存在的。最后，制度的激励性。绿色创新的实现主体是企业，制度安排的合理性和政策的激励性可以激发创新主体的创新意愿，形成新的动力源。绿色信用制度、绿色采购制度、绿色产权制度等均对创新主体有积极的激励作用，促使其主动参与到绿色创新活动中，尽快实现绿色创新。

（三）国家创新系统理论

国家创新系统的概念最初出现在《技术和经济运行：来自日本的经验》（Freeman，1987）一书中，是指为促进新技术的研发、引进和扩散，各种组织机构所构成的网络体系。Freeman 认为，国家创新系统的构成有四个基本要素，即政府制定的政策、企业和技术研发、人员教育和培训、产业结构。在这四个要素中，政府的政策要素是重点。Freeman 通过研究发现，近代科技革命后，世界科技中心出现转移，由英国转向德国再转向美国。这说明国家的制度设计和组织创新能够促进技术创新，实现经济的长足进步。建立国家创新系统，充分发挥政府的职能作用，关注经济的发展变化从而调整技术创新的模式，这是提升国家创新力的关键。社会资源的利用、企业间创新学习和合作能够共同促进企业绿色创新，提高企业竞争力和国家竞争力。

Porter（1990）提出了产业集群的概念，并在对国家创新系统宏观绩效和微观机制综合考察后建立钻石模型。Porter 认为，国家是企业创新的一个外在环境，企业的创新能力是国家竞争力的表现。他进而提出，国家通过制度的设立可以为企业创新提供良好的外部条件，这是产业集群形成的关键，也是提升国家竞争力的重要因素。因此，创造良好的外部政策环境，采用国家长效的创新制度促进创新过程是政府履职的一个方面。

Nelson（1993）在《国家（地区）创新系统：比较分析》一书中强调国家制度设计对技术创新的关键性作用，并认为国家创新系统是能够影响国家企业创新绩效的所有制度体系的。与 Freeman 不同的是，Nelson 强调宏观的制度设计在技术创新中的作用。他指出，创新是由企业、组织、大学等机构相互合作而形成的一种机制，如果有国家设定的相关制度进行保障，那么创新机制可以平衡公有私有技术，从而实现创新要素高效地配置、互动。另外，技术的发展具有不确定性，国家宏观制度为保障创新机制和分享机制的有效性，应伺机而动，适时调整。

在国家创新系统的定义界定中，其他学者也表达了相似的观点。

佩特尔（1994）认为国家创新系统是一种国家制度和激励结构，可以决定技术学习的方向和速度。政府对技术创新投资政策的差异性造成国家间科技水平的差异化，激励机制能够有效提升企业创新能力。Lundvall（1992）从微观层面入手，通过对企业和用户的研究发现：经过学习得到的知识是企业最基础的资源类型，学习过程是相互作用的社会过程而非单方面过程。他将国家创新系统界定为有用的新知识在扩散和应用过程中产生互相作用和关系的各种要素构成的系统，它通过对科研机构、教育部门等影响作用来实现知识的循环流转和有效利用。

因此，在国家系统理论的指导下，从宏观层面剖析国家制度在国家竞争力提升过程中技术创新的关键作用。国家或者政府通过设计相应的制度和政策对技术创新外部环境进一步优化，从而将企业的各类创新活动向国家集中，并从知识、技术等方面进行叠加，提高整体的创新能力，进而实现协同创新。国家创新系统理论在指导国家制定创新战略和政策方面起积极作用，是国家创新力和竞争力实现的决定因素。

二、绿色创新制度的阻滞及原因

（一）绿色创新制度阻滞

绿色创新的过程存在以下几个问题：如过分强调行政手段，忽视法律和经济手段；强调事先批准，忽略事后监督；强调几个流程的监督，忽略监督的整个过程和各个方面；强调约束，忽略激励等。这些问题的出现导致企业的技术创新积极性受到一定影响，现实情况是企业并没有积极主动地展开技术创新，同时绿色创新的生存空间进一步压缩，绿色创新没有得到人们和企业的足够重视，相应的绿色理念也没有流传开来，更多的是追求短时间内的经济效益，而忽视绿色创新本身的价值和绿色发展的实现可能。绿色创新制度的阻滞主要表现在如下几个方面：

1. 缺乏绿色创新激励

从我国如今的市场供给来看，现有的市场化水平和人们越来越高的绿色需求并不匹配，从而导致需求无法得到满足，迫切需要绿色创新。但从现有的制度上来看，当前激励机制在激发绿色创新意愿方面无法收到应有的效果。人们在日常生活和消费中，已经习惯怀疑自主创新产品，同时缺乏相应的配套政策来引导和鼓励消费者选择自主绿色创新产品，创新主体的利益往往得不到满足，绿色技术研发和实施的热情不高。

2. 欠缺完善的法律制度

人们已经意识到生态环境保护的重要性，国家针对生态环境问题颁布了一系列法律法规，但是现有的法律制度并不完善，在一些绿色创新法律法规中，只是将技术创新和环境资源法律进行融合，而环境效益没有很好地体现在经济法中，也很少考虑环境的影响和效果。

3. 缺乏绿色创新动力

尽管企业是绿色创新的主体，但大多数企业缺乏自愿创新的主动性。原因之一就是在绿色技术的研究、开发和应用上需要有大量资金的投入，对于企业而言无疑会增加成本降低利润，因此，多数企业认为绿色创新是企业的一种负担，从创新源头导致资源浪费和绿色创新的意识不足，忽略长期的发展空间。第一，绿色创新增加企业生产成本造成绿色创新动力不足，这是制约企业绿色创新的关键因素。第二，技术薄弱。企业的研发人员不足，尤其是中小企业缺乏技术创新人才和技术薄弱，很难制定切实可行的激励政策去激发技术人员的创新积极性。第三，信息不通畅。由于缺乏市场信息，企业无法及时收集和掌握市场中绿色创新的相关信息，影响技术创新的效率。

4. 社会参与乏力

社会组织、媒体和公众受自身能力以及制度的约束，缺乏参与社会治理的动力，存在制度设计滞后、组织管理松散、公众参与积极性不高、参与不确定等问题。此外，绿色金融的发展还不够，导致融资方式单一，没有形成较为完整的投融资市场，风险投资主体不够丰富；科技中介机构作为参与绿色创新的社会力量之一，规模小、功能不足、发展不平衡、服务性差等问题突出，无法从教育培训、管理咨询、法律援助等方面给予企业绿色创新高效、优质的服务。

（二）绿色创新制度阻滞的原因

1. 外部经济效用

人们对个人利益的孜孜追求以及外部环境因素的影响，造成当前公共资源由于缺乏保护而面临困境，不仅公共资源数量大幅减少，更对公共资源造成浪费。一些学者在研究中发现，“公地悲剧”的出现是由于公共资源的绿色价值受到影响，人们过多地追求自身的发展利益而忽略集体和国家的公共利益，从而致使经济主体不能发挥其应有的价值，规则和机制没能取得应有的效果，出现市场失灵。市场缺乏足够的调节作用，会在经济发展中对生态环境造成破坏，经济和环境间出现的矛盾导致绿色创新目标缺失，出现为了发展经济而牺牲环境质量的情况。此外，企业将研发的绿色创新成果加以转化，成为绿色产品投放到市场中，并在市场规则下参与竞争。绿色产品的属性究竟是公共产品还是私人产品，就变得难以辨析，毕竟人们更愿意免费享受公共产品，而不愿付出代价。

2. 政府定位

没能按照要求进行职能完善的政府出现的越位、错位和缺位问题是绿色创新遭受阻滞的原因之一。

简单来说，越位就是指在如今的市场经济背景下，政府部门出现资本垄断，过于扩大自身的权力。政府部门并没有确定自身的定位，抛弃原本的调节和裁决作用，参与到市场竞争中，打破正常的市场秩序，也影响其他企业的发展。错位是政府部门在开展干预市场职能的同时，忽视尺度而造成过度干预，导致政府和企业间的关系恶化，也影响企业的主动性发挥。政府部门承担更多的职能，这些职能原本属于企业或一些中介组织，打压企业和中介组织的生存空间。缺位是指在需要政府管理和服务的地方和地区，存在没有政府人员和制度管理的盲点，从而造成因技术创新缺乏制度指导而无序。

3. 学术研究机构

学术研究机构存在的学术造假和学术腐败问题不断出现，这也影响绿色创新的有效进行。科研工作本身是绿色创新的重要基础，但人们的态度过于浮躁，并没有沉下心来进行科学检验，影响绿色创新的研究水平，进而影响整体的学术发展。主要来说，具体体现在以下几个方面：第一，人们将过多的关注放在论文的数量而非质量上。有很多科研院所和高校并没有重视论文发表的质量，只要在一些指定刊物上发表论文即可，这就忽视了论文发表质量的提升，单纯地重视数量，很难让研究人员进行深入的研究；一些教师和研究人员情绪浮躁，对发表论文的数量甚至是质量都不感兴趣。第二，绿色创新项目提出之后，需要进行项目管理和评价，如果该过程中没有足够重视基本的科学思维方法，尤其是基本工具的应用，就很难保证科研质量。第三，很多科研机构的研究成果很多，但这些成果只局限在样品展示上，很难进行大范围的商业推广，不能将研究成果在实际生产中加以应用，将其转化成为市场的一部分，也很难收回研究成本，虽然研究成本投入较多，却无法收到应有的效果。第四，在一些科研经费使用上，只有40%左右的经费用于科学研究，科研经费问题出现严重的学术腐败，打着学术研究的名义进行科研经费的申请，却没有将其用于学术研究中。科研人员把更多的精力放在项目的获取和专项研究资金的分配上，却没有将精力放在学术研究上，缺乏必要的理论分析，也很难进行实践探究，这就导致如今的绿色创新成果技术含量较低，尽管看起来成果较为优秀，但是却很难在实践中加以应用。

4. 创新文化

文化是拥有巨大能量的无形力。绿色创新需要创新文化，创造软环境。创新文化是引导和推动企业创新的新文化。创新文化可以汇聚创新理念，营造创新的氛围，激发创新的活力，促进创新实践。然而，我国对绿色创新的文化支持还不够，有利于绿色创新的文化氛围也不够。部分企业绿色创新主体意识薄弱，缺乏创新的内在动力。受儒家爱面子伦理价值观的影响，很多人害怕创新，害怕创新失败会被人看不起，容易放弃创新的想法。在追求经济效益的过程中，一些企业并没有思考如何通过创新提高产品质量，而是试图降低成本，忽视自己的社会责任，这是对传统文化很好的解读。出现信用文化混乱的现象，以伦理文化传统为基础的“诚信”传统逐渐丧失。交易过程中伴随着猜疑和不信任，企业不敢投资，银行不敢发放贷款，市场价格信号被歪曲，在一定程度上阻碍绿色创新。

三、绿色创新制度的构建

（一）绿色创新制度的构建原则

1. 统筹协调原则

绿色创新是一个多种资源融入的过程，在创新网络体系构建的过程中要充分利用现有资源，对现有资源进行整合，并且充分考虑外部因素，确定绿色创新的战略方向。在统筹把握的基础上，对现有资源合理配置，提高利用率，真正做到以市场为导向。统筹协调原则能够克服市场分散的缺点，在绿色创新的背景下，能够降低企业技术风险，且能够为创新过程提供必要的资金和资源支持。

2. 系统开放原则

系统是由多个功能不同的子系统结合在一起形成的具有特定功能的有机整体。每个系统内部，各个子系统并不是孤立存在的，它们相互关联，且分工不同。相较于子系统，大系统的功能更加完善，层次结构更加明显，整个体系相对稳定。从系统信息交流的方面来看，一共包括两点，即系统对外开放和对内开放。系统对外开放主要是指系统与外部环境进行信息交流，及时准确地获取外部信息，并将系统的反馈信息技术输出到外部环境；系统对内部开放是指大型系统内部子系统之间的信息交换，每个子系统不是孤立地存在于大系统之间，对每一条外部信息，子系统都必然参与不同的信息解读阶段，因此通过内部信息处理的过程，子系统之间的信息传递过程就构成内部开放，内部开放也是大系统不断地进行自我完善的内部动力来源。

系统开放原则也是绿色创新的原则之一。要把绿色创新看作有机整体，不仅在整个绿色创新体系的产出中体现绿色发展，更要形成立体的绿色过程，在不同的层次、主体中都要贯穿绿色理念的促进部分和整体的均衡性。

3. 可操作性原则

绿色创新体系在实际运行过程中要有具体的可操作原则，这是系统运行的基本保证。创新体系建立后，要制定具体的实施方案，在制订计划的过程中要注意和实际情况相结合，注重计划的可操作性，避免出现落实中的障碍问题。在绿色体系实践过程中需要分段推进、逐步实施，要加强外部监督，利用外部监管力量确保各个阶段的工作有效完成。绿色创新过程中要充分考虑企业的利益，利用税收优惠政策降低企业的生产成本；要鼓励企业员工参与绿色创新过程，在激烈的市场竞争中形成核心竞争力。政府要发挥宏观调控的作用，利用政策手段弥补市场失灵的缺陷。整个创新过程要注重宏观调控和市场的有机结合、利用，从而促进绿色创新的成功，实现可持续发展。

（二）绿色创新制度的构建思路——SMART

构建绿色创新制度需要从顶层设计入手，只有在做好顶层设计的基础上才能更好地开展后续工作。把握企业总体发展方向，统筹全局，注重企业发展的长期目标，制订符合企业发展的操作计划，保证企业的可持续发展。在企业内部营造良好的创新氛围，让员工能够积极参与创新过程，增强企业内部的创新动力。除了企业自身要注重绿色创新外，还要动员社会力量参与其中，使社会组织更加关注绿色创新，同时也能够支持整个技术创新项目。

1. S（Society）公众参与机制

社会公众作为社会活动的主要参与者，是推动技术绿色化转向的主要动力之一，因此，必须建立健全社会公众的参与机制。

（1）提升工作素质。公众既是绿色创新的监督者，又是绿色创新的践行者。提高工作的法律素养，通过宣传教育提高公众的法律意识，强化公众在绿色实践过程中的监督作用；同时公众也是绿色创新的践行者，要向公众普及绿色知识，传播绿色理念，培养公众的绿色意识，这是因为具有一定的绿色意识和绿色素养是公众参与技术绿色化转向决策的一个前提，公众只有具备一定的绿色素养，才能激发出参与动机，激发公众参与的主动性，既可以促进公众对整个过程的思考，也可以为政府提供合理化的建议。

（2）拓宽公众参与方式。创新公众参与的形式，丰富公众参与方式，敞开舆论大门，引导公众共同参与绿色创新。公众参与的绿色创新可以从两个方面考虑。第一，在政府层面，积极组织听证会、座谈会和公共辩论，以及其他直接面对面形式的参与方式，还可以利用网络媒体，突破时间空间的限制，实现政府和公众之间的实时交互。第二，增强企业与公众之间的联系，让公众参与企业产品生产过程。企业通过搭建交互平台，实现公众与企业的互动，听取公众的创新建议。

（3）完善法律。法律的强制性和普遍约束力是促进公众参与技术绿色创新的重要保障。在创新的过程中要完善法律法规，保障公众的合法权益，通过法律形式对工作的参与程序权利义务做出明确规定，保证创新过程的有序进行。

2. M（Market）健全市场及激励

在市场经济条件下，市场对企业的经营方式和发展方向具有明显的导向以及激励作用。要不断完善中国的市场激励机制，发挥市场导向作用，促进我国的绿色技术创新。

企业是技术绿色转型的主体，市场对企业的经营方式和发展方向具有激励和导向作用，要不断完善我国的市场激励机制，充分发挥市场激励机制在促进我国企业技术创新中的作用。

（1）市场机制。在现如今的市场背景下，市场机制没有充分发挥对绿色创新应有的作用，要充分调研市场，发现市场现有元素，对收集到的信息进行整合，确定研发的方向和路径。在市场交易中，要实现企业利润最大化，优化企业的内部结构，对生产要素进行合理配置。

绿色创新市场体系对绿色创新的发展起支撑作用。在市场作用下能够促进资源的合理配置，实现资源利用效率的最大化，能够为企业绿色创新提供必要的支持。市场信息能够促进企业内部信息和资源的流动整合，实现企业效率的最大化。市场指导企业绿色创新能够促进产业结构的调整，实现产业的优化升级。

（2）产权保护制度。第一，完善我国的法律法规建设，加强对知识产权的保护。借鉴发达国家的经验，是因为它们都注重对知识产权的法律保护。我国近年来对产权的保护力度加大，但由于缺乏系统的实施措施，整体形势比较混乱。加强知识产权保护法律法规建设，形成系统的法律体系，加强知识产权保护。还要注重加强执法人员队伍建设，提高执法人员素质，提高执法机构的执法能力。

第二，加快知识产权成果转化，激发企业创新活力。首先，通过立法完善法律体系，通过法律行政手段促进技术成果转化；其次，设立中介服务机构，主要服务于企业技术创新产权的管理和转化，为企业提供专业的法律服务，促进企业技术创新；最后，发挥政府的作用，以人为本，以资金支持为基础，创造良好的创新环境。

第三，扩大知识产权保护范围，增强企业在高新技术领域的竞争优势。知识产权保护不应局限于基础技术领域，而应扩大到高新技术领域。

（3）风险投资制度，包含保障机制、引导机制和激励机制三个主要方面。

第一，风险投资保障机制的两个方面包括法律担保和人才保障。法律担保是风险投资担保的重要保证，风险投资具有高风险、脆弱性的特征，基于此，为了风险投资的顺利进行必须进行必要的法律保障完善法律保障体系。人才是源源不断的驱动力，要完善人才队伍建设，建立专业化的人才队伍；要建立专业人才培训机制，完善培育体系，确保风险投资的顺利进行。

第二，风险投资的引导机制。政府要通过设立风险投资引导基金，动员社会资本对技术创新进行投资。完善风险投资体系，推动风险投资与技术创新的有机结合。

第三，风险投资的激励机制。政府通过采取政策优惠鼓励风险投资，对风险投资实施税收优惠政策，提高风险投资的积极性；采取财政补贴的方式为风险投资提供补助，加大社会资本对企业创新的支持力度。

3. A（Association）环保组织参与

（1）开展公益环保活动的非政府组织一般叫作环保组织，促进环保技术的应用推广是其目的之一。

（2）完善环保组织的参与机制。第一，环保组织要加强自身建设，提升自身专业性；要及时关注绿色创新的最新动态，不断学习最新的专业知识，提高人员队伍的专业化水平。第二，积极参与到绿色创新的实践中，积极发挥作用，要主动向政府部门进言献策，注意联系公众，真实确切地向有关部门反映民意；注意对绿色创新过程的监督，辅助政府相关法律实施的有效性。

（3）加强与政府间的合作关系。组织虽然是非政府性质的民间机构，但是其开展活动受内外部各种因素的制约，要想正常开展工作，必须加强与政府之间的联系。同样，政府要想开展工作，也离不开环保组织的协助。环保组织与政府之间要加强联系，实现互利共赢的局面。

第一，就政府来说，规范环保组织的行为是重中之重，使其展开的活动符合法律法规的要求；政府要给予环保组织相应的财政补助，帮助其正常开展活动。

第二，就环保组织来说，要服从政府的管理，支持政府的工作，提供各种公共服务，如绿色宣传、普及绿色教育等，以实际行动为绿色创新贡献自身力量。

4. R（Report）舆论引导

绿色技术创新是一项全民工程，需要社会全体人员参与，因此，有必要建立国家舆论引导机制，采取积极的引导措施，实现全体人民的参与、监督和促进。

（1）引导方式变化多样。首先，可以利用大众媒体进行广泛宣传。借助报刊、电视、网络等大众媒体的力量进行深入广泛的宣传。凭借制作视频、音频等手段在全社会传播生态文明和绿色创新观念，让公众了解生态环境与每个人都息息相关，强化公众道德意识；加强正面报道，树立积极发展绿色技术的典型，对于与政策相悖的企业要大肆报道，制造舆论压力，迫使其发展绿色技术。

其次，环境保护组织要充分发挥作用，深入民众，组织各种形式的公益活动，与大众面对面进行广泛宣传。这种宣传方式的效果更加明显，更能产生实际引导力，在全社会营造舆论氛围，从而推动绿色技术创新。

最后，加强学校宣传教育。在学校开设相关课程，学生要了解相关的理论知识，规范学生的行为态度，形成关于绿色生态正确的价值观。还要加强实践能力，动员学生参与绿色实践，了解绿色创新前沿，使理论与实践相结合。

（2）舆论科学引导。注重宣传人员的科学素质，选拔一批理论水平较高的人才举办讲座，实现正面引导，增强宣传的科学性和实效性；在宣传的过程中要善于合作，加强政府、学校、环保组织等的交流，确保宣传取得事半功倍的效果。

5. T（Technology）技术研发和推广

（1）绿色意识的培养。政府要加强与企业研发部门的联系合作，利用政府的资源优势定期对研发人员进行绿色思想的灌输，例如可以通过组织理论学习进行政策宣传，组织相关人员参观，深入绿色研发一线，组织技术交流研讨会，引导研发人员树立绿色意识。国外绿色技术起步较早，要加强与国外高校、企业等的合作，提高我国研发技术人员的研发水平。在选拔科研人才方面，不仅要重视所选拔人员的科研水平，也要考察他们的意志品质和团队合作精神，确保科研人员有足够的毅力完成科研任务。

要注重绿色人才队伍的建设和培养，坚持人才专业化的发展道路，不可急功近利，在人才政策上要给予必要的保障。

首先，实施吸引人才的政策，加大对人才的吸引力度。要提高科研人员的薪酬待遇，不仅在工作中满足科研人员的需求，更要关心他们的生活，解决科研人员的后顾之忧。建立合理的人员培训制度，让科研人员有机会提升自身技能，增强自身本领。确保留住人才，留住人才的事业。留住人才要有感情、有环境、有待遇，以人才的个性化要求为准，提供有效的平台，让人才能够在这一平台上充分发挥自身的能力，展现自己的个性化特点，这也是企业吸引人才并且留下人才的重要方向。

其次，工作环境宽松自由，吸引更多人才前来，确保公平公正地对待每位科研人员，并且做到人尽其力；建立平等的晋升机制，让员工在公平的环境下竞争，同时注意考察人员的综合素质及个体的特点，合理安排岗位，确保每位员工都能充分发挥自身能力。

（2）“两条腿走路”。绿色技术研发与传统技术改造并重。在大力发展绿色技术的同时不可偏废对传统技术的改造。新的技术也是在旧技术的基础上发展起来的，这样不仅能节约研发成本，还能确保改造过程中绿色技术的应用。

（3）发挥科技中介机构作用。科技中介机构是科研成果转化的助推器，在新技术应用等方面发挥着重要作用，必须加快完善我国的科技中介机构，促进科技成果的转化。中介机构的作用主要表现在以下几个方面：

1）科技咨询的平台。科技中介机构通过建立强大的信息网络，搭建信息共享平台，为企业和政府提供相关的信息咨询服务，改变信息不畅的局面，缩小信息差距，促进企业绿色创新。

2）创业孵化器的作用。通过科技中介机构的相关指导，企业可以有效地降低创业风险和创业成本，尤其对于高新技术企业的作用更加明显。中介机构可以通过创造良好的创新环境来提高企业创业的成功率。

3）成果转移的搬运工。科技中介是企业与市场之间的中介，是绿色创新的代理人。科技中介机构根据市场的具体需求，分析企业科技成果的可行性，搭建起企业与市场之间的桥梁，促进新技术的成果转化。

四、绿色创新制度的内在关系及实现路径

（一）制度的内在关系

绿色创新制度在绿色创新的过程中非常重要，它们相互促进，形成联动体系。

第一，政府激励制度占据主导位置。也就是说，绿色创新过程中存在一些风险问题，尤其是技术不成熟，再加上缺乏专业人才，影响绿色创新的成功率，也导致创新过程中更大的不确定性。对于企业来说，在进行绿色创新研发的过程中很难考虑到这些危险因素。许多风险投资公司也更注重投资一些基本成熟的项目，为企业绿色创新提供必要的融资支持，满足企业创新需求，引导更多的绿色创新，为企业绿色创新的实施提供必要的人才支持，使企业按一定比例的销售收入或营业收入税前扣除技术创新准备金。但技术创新储备必须投资于企业的技术研发和项目开放

过程。这一机制实施之后，可以进一步促进企业更为合理地对技术创新投入必要的资源。以及采购原材料，促进企业在研发过程中积极努力，激发员工的主观能动性，并且能够让员工更加具有创新的激情，为绿色创新提供必要的动力支持。

第二，现代化市场是一个巨大的平台，是多方面较为完善的机构和体系，是对市场的基本要素保障，从而维护正常经济运转。市场发展过程也是绿色创新的发展过程。绿色创新离不开市场导向和内需经济刺激。市场不仅为经济发展提供良好的平台，同时也为绿色创新带来良好的平台以及发展空间，现代化市场要求保证市场交易的公平合理，进一步提高资源的利用率，不断地优化现有资源的配置。市场发展过程也是绿色创新的发展过程。绿色创新离不开市场导向和内需经济刺激。

第三，结合社会大众对绿色创新的实际需要，将提高公民科学素养为己任。结合现有的社会力量，进行优化、整合、合理分配资源，提升社会参与和绿色创新技术的落实和发展。绿色创新站在社会参与体系方面集中表现在有形和无形两个方面。其中，有形方面更多的是对物质方面的重视，而无形方面更多的是精神方面的建设。绿色创新能够为企业提供电子平台方面的支持，同样企业的绿色创新也能够直接影响社会电子平台。企业在发展过程中受到的影响是多方面的，其所面对的压力和创新能力也会对现阶段的社会发展带来一定的影响。企业在发展过程中通过对社会风险方面的整合和经验收集可以更好地应对和提升抗风险能力，将科技中介和金融中介形成良好的枢纽，促进科研成果的相互合作、相互发展，从而对社会方面的影响做出最大的贡献。

第四，企业文化是企业发展的软实力，也是企业发展过程中吸引和凝聚员工的重要手段。借助企业文化能够为绿色创新提供动力，支持企业技术创新项目的实施，也能够进一步提高项目的实施质量。企业文化的出现并非偶然，而且企业文化也并非一成不变，在不同的企业生存发展背景下，企业文化可以随着企业内部环境和外部环境的改变而不断地完善，更好地为企业发展服务。企业文化建设能够进一步促进企业员工的思想开放，充分借鉴国内外现有的文化经验，提高文化的包容性，也能够为绿色创新提供必要的动力。

第五，需要法律保护制度和法律运营保护。国内外市场竞争日趋激烈，企业的生存面临着巨大的障碍。企业需要不断创新，这与法律保护制度和法律运营保护密不可分，它能确保企业的新技术、新产品在预定的时间内收回成本，还可以保证企业的正常经营，使企业按照预定的时间获得相应的利润。尤其是在如今的市场背景下，能够借助法律的武器来打击侵权和盗版行为，也能够避免因垄断而影响到技术创新。

因此，如果想进一步推动绿色技术发展，不仅要结合现有的制度，并且要充分发挥制度的协调性，并不断完善。在以企业为基础的前提下，涉及科研机构、大学和政府部门，实现利益共享和风险共享可以改善政府、行业、高校和科研院所之间的合作机制。不断地提升企业技术创新下的重要创新成果的科技含量，实现产业多元化发展，更好地促进产业升级，使经济发展与科技的发展紧密融合，也能够使科研创新成果在第一时间进行转换，形成绿色产品，在市场中发挥价值。绿色创新联动体系包括相互关联、相互补充的各种体系，形成推动绿色创新的复合动力。

（二）绿色创新制度构建的实现路径

在以往的研究中，我们明确提出了我国绿色创新体系的路径，以求进一步简化整个管理过程，确定委托权的方向，然后制定科学的政策，确保企业在市场竞争中的主体地位，促进企业的发展。也可以吸引社会参与力量，让社会对企业的绿色创新提供必要的支持，通过社会外部的支持来促进绿色创新，形成一个特定的制度。在我国法律政策的支持下，完善相关的保障体系，能更好地完善技术创新体系。

1. 牢固企业的主体地位

企业是市场的主要参与者，通过市场调节，可以实现市场资源的合理配置，减少浪费。企业是经济活动的主体，也是促进绿色创新的重要参与者。只有通过不断完善当今的市场体系，企业才能进一步提升竞争力，同时加强学校、企业、科研院所之间的合作与交流，推动绿色创新平台建设与发展。

企业家绿色创新素质。企业是市场要素的主要承载者。有一定前瞻性的企业家会着力推进技术创新，形成企业良好的市场竞争优势，实质上形成良好的创新素质，影响因素有很多，具体如下：

（1）企业家行为。企业家行为是指在特定条件下，具有独特的文化和完整的人格结构的企业家在企业经营管理活动中对各种简单与复杂的社会刺激所做出的反应和外在表现。企业家行为的主体既包括企业家个体也包括企业家群体和企业家阶层。企业家及其社会行为会从根本上受到整个社会关系的制约，物质资料的生产方式、物质生产资料的经济状况等社会生活条件可以直接或间接地塑造、影响和规范企业家行为和行为反应方式，引导企业家的行为朝着一定方向发展。

（2）企业家意志品质。在创业过程中，如果企业家有坚强的意志和勇气，他们可以在创业过程中表现出自己的激情，不会在困难面前抱怨并且消极工作，影响工作效率和工作创新。意志力强的企业家将极大地促进公司的成功。坚强意志的品质主要包括：第一，可以自觉地摒弃外界因素的干扰，培养优秀的意志品质，避免外界因素的诱惑，在成功面前不骄傲，在失败面前不气馁。第二，果断。在自我意识的前提下，可以快速分析形势，做出准确的判断，避免优柔寡断。第三，弹性。坚持是坚韧的标志。如果企业家在日常工作中坚持自己的主观观点，那么他将客观地分析当前的市场形势和企业的发展。

（3）企业家的价值尺度。在当今社会的背景下，人们越来越重视环境保护的重要价值，人们在日常生产生活中受到制约，改善自身行为，避免对环境造成负面影响。有必要进一步提高员工的绿色价值，让员工了解绿色环保问题的现实紧迫性。员工了解绿色的价值，可以让企业不断改变自己。在绿色创新过程中，有些创新会遇到产品销售中的一些风险和问题，面对这些问题，企业需要通过各种渠道来解决，加强高校、科研中心等单位的协同合作。企业在生存和发展中离不开外部社会环境，而在享受社会资源的同时，需要承担相应的社会责任。企业家在平时的业务发展中，要承担自己的社会责任。

（4）企业家的创新思维。企业家需要打破原始思维方式的限制，大力推进绿色创新，依靠创新提高企业的核心竞争力。创新思维模式发展能够去分析思维的整体发展水平；而封闭的思想面对问题时很难考虑全面，很难接受新的事物，在日常工作中保持原有形态，保持最初的发展状况，基本上不会受到影响，但不会有太大发展价值，很难进行技术创新。创新思维具有多样性，而不是单一的线性思维，如果只有线性思维模式，缺乏主动性，很容易导致实际工作中极端化和专制主义。多维思维指的是在思考的过程中，拥有更多的思维活动，联想、信息重组，通过层次、多维度、多角度的探索问题，去寻求解决方案。总而言之，绿色思维可以在系统中实现整体思考，创新可以为企业开发系统，有效提高企业核心竞争力。

2. 绿色创新能力的提升

为了进一步提高自身的创新能力，一般来说，企业会采用以下四个手段：

一是充分发挥企业中核心人员的价值。核心技术人员对于大型企业来说，既是技术创新的重要力量，也是技术创新过程中的重要引导者，中小企业可以称之领导者。只要核心骨干发挥创新能力，企业就可以申请国家的大型科技项目。在研发过程中，可以购买国外先进的技术和高质量的信息，通过与自身企业实际相融合，实现创新。一些研究机构也能实现资源共享，通过对资源和创新想法的补充，形成产业集群效应。

二是培养新兴产业，实现全民创新。进步较快的中小企业可以纳入新兴产业体系，促进创新，也能够提供更多的就业机会。同时按照不同的类别进行资源的整合与完善，能够吸引更多的投资。

三是加强企业自我完善能力。在当今的技术发展现状下，企业应该突出品牌效应，才能吸引更多的消费者。在技术改造的过程中，企业家突出绿色生产的方向，把控好产品的质量，降低产品不合格率；企业管理应更加标准化，尽可能避免资源浪费。同时高度重视企业的知识产权，激励企业创新。

四是激励企业建设学习型组织，具体来说，就是将团队成员形成统一的目标，成员的个人目标和团队目标相结合，通过培养团队成员的综合素质，不断提高学习能力，掌握正确的学习方法，在学习过程中打破因循守旧的思维模式，突破传统桎梏，在原有基础上进行创新完善，以缜密思考代替盲目下结论，确定最终计划。为了创新，企业人员需要良好的心理模型作为指导。简而言之，它是在成长过程中由各种价值观形成的特定概念、印象和思考、认知风格和行为习惯。

进一步实现合作协同创新，充分发挥不同优势创建一个良好的合作环境，实现优势互补，利用市场机制来收集大量创新资源，并实现绿色创新。可以有效地降低企业技术创新的成本，同时让企业在研究和开发绿色产品方面提高质量，就能进一步提高企业的核心竞争力，促进行业的发展。在市场经济发达的国家，鼓励企业参与行业与大学之间的合作研究与开发计划。结合研究可以看到，以企业为主，科研机构、大学和政府部门参与，利益共享，共担风险，这将完善官产学研合作机制，不断促进企业更高水平的技术创新，实现产业发展的多样性，更好地促进产业升级。经济和科学技术的发展紧密结合，也可以出现相应的科研创新成果。为了解决这个问题，笔者进行了实地调查，在调查中详细地分析和总结，建立研发中心，实现双方合作共赢的大学在促进行业综合水平提高中扮演重要的角色。

企业的绿色创新离不开必要的创新平台。企业在当今信息化的背景下进行转型，注重技术创新，构建新的技术创新体系，有利于进一步促进自身发展。同时建立高质量的技术创新平台，让多方力量参与，实现平台共享。企业应通过合作搭建创新平台，保持行业领先地位，进一步提高综合效益。

3. 提升社会参与度

社会组织参与其中，包括非政府组织和公众以及一些大众媒体等。让社会力量参与并能够更好地建设。技术创新符合相关法律法规，也可以进行外部监督管理，提供必要的社会基础，促进绿色创新的实施。社会组织的参与是实现社会公共服务的重要组成部分，可以为企业提供更加全面的公共服务。这些服务是政府部门和市场无法提供的内容，可以弥补政府宏观调控的不足。社会团体包括工业社团、学术团体、专业协会等。在这些群体中，大众传媒已经获得良好沟通功能，并已成为信息传播的平台。它具有更合理的信息传播途径和更强的公共影响力。

（1）NGO 促进绿色创新。从世界发展方向来看，各国民间组织通常称为非政府组织（Non-governmental Organization，NGO），非政府组织本身是独立的，不是一个国家，也不属于任何人。非政府组织具有较强的独立性、公益性，具有组织性、公民自治性、非营利性和自愿性等特点，其优势在于能够有效地处理问题，弥补政府不愿意或不能参与“政府失灵”领域的不足。同时非政府组织传播绿色创新理念，影响人们的行为，进一步提高绿色创新的有效性。

在我国，非政府组织得到有效发展，公众的参与和支持是绿色创新的基础，非政府组织作为其中重要的参与组织，营造了很好的氛围。自 1990 年改革开放以来，一系列环保组织在我国相继出现，它们并非政府部门的组织，而是民间自发形成的，开展了多种方式宣传绿色理念，促进民间绿色发展。我国第一个非政府组织是“自然之友”（中国文化研究院、绿色文化研究院）。“羚羊车”搞的“羚羊影院”活动的重点是“环保电影进校园”。他们每到一所学校之后，就会给学生播放关于环保的视频，并让学生了解环境保护现状，会与学生有一些互动，让学生能够积极参与其中，意识到环境保护有多重要。这不仅传播了自然科学知识，而且能让人们进行沟通和交流，让人们认识到环境保护刻不容缓，认识到当前生态环境所面临的问题。为了将厨房垃圾和厨余垃圾进行分开处理，“北京地球村”开展垃圾分类“绿袋子行动”项目。环保袋运动的目的是用带有绿色标志的塑料袋，将垃圾进行分类。

目前人们已达成深刻的共识，就是要充分发挥非政府组织的重要作用，这在目前的社会治理中，既要符合人民群众的个性化要求，还要选择让人耳目一新的治理方法，所以这就需要社会组织去解决，这对于非政府组织来说是一个千载难逢的好机会。这体现出非政府组织在社会发展中的重要作用。它们采取有效的措施，更好地在绿色文化传播中发挥自身的优势。法律上它们的地位需要被明确，其权利依法应得到保障。例如，美国有一家私营非营利组织——慈善信息局（American Bureau of Philanthropy Information），每年都会对国家基金会进行四次评估工作，然后公布它们的评估结果。

（2）绿色创新的大众传媒支持。报纸、电视、广播是传统的大众传媒方式，新兴的大众传媒方式是互联网传媒。其中，报纸是最先出现的传媒方式，报纸的发展和社会的发展过程如出一辙，代表社会的组织化进程。报纸这一传播方式能够影响人们的思考习惯。广播在传媒过程中具有较强的渗透性，不仅可以及时地传播信息，还能够让传递的信息更加生动形象，让人们产生无限的联想，也能够通过连线，实现与听众的互动沟通。它可以说属于一种互动媒体方式，也能通过一些戏剧性的表现方式，让观众有身临其境的感觉，效率高，有较大的信息量。网络的传播方式包括信息的单向传播、双向传播，依靠当前多种传播手段，传播范围可以达到全球范围，提高传递效率，可以让信息进行实时传播，同时不会公开受众的身份，人们可以保证自己在网络中的隐私不被干预。网络的不断发展壮大，不仅改变了社会结构，人们对于社会事务的参与方式也被改变。

大众传媒在绿色创新方面承担了较大的责任。“媒体从来不说让人们去思考什么，但它们能成功地影响人们去思考什么。”如今它们的责任和义务是在市场背景下注重经济发展过程中的绿色环境，传播绿色文化。我们要在绿色创新中应用大众传媒的文化形成功能，形成整个社会的绿色创新理念，不断地规范社会道德行为，也能够产生较大的正能量，并以此约束和引导大众的思想与行动。这就要求专业从业者发挥职能，媒体工作者要不断提高自身的文化修养，具备较强的学习能力，有较强的接受新事物的能力，让自己的思想和行为始终与行业发展方向保持一致，勇于创新，善于创新。同时要始终和普通民众保持沟通交流，从中获得灵感。

大众传媒在行为上有三种不同的方式。信息传递是大众传媒的基本方式，它是人与人之间沟通的纽带，它的作用是传递政府的政策，反映大家的愿望，实现实时的交流互动，让政府和群众之间实现更为有效的沟通，为它们之间的沟通搭建有效的平台，也能够为企业绿色创新决策提供必要的信息指引。大众传媒对于一些污染环境、能源消耗较高、未执行绿色责任的企业可以进行有效的舆论监督，通过不断跟踪报道，给它们形成较大的舆论压力，让这些企业能够改进生产技术，走高质量的绿色创新之路，而不是始终运用传统的生产方式，只是追求当前的经济效益，而忽视对周边绿色环境的保护。在信息传递的过程中，大众传媒需要保守自己的道德底线，尤其在绿色文化传播过程中，确保媒体的公信力和权威性，站在道德高地上进行信息的传递，而并非带有主观色彩。

从如今的大众传播角度来看，我们要传播高质量的绿色创新和绿色文化，就需要进一步提高大众传媒的能力。具体来说，大众传媒可以从以下几个方面展开工作：第一，工作人员素质需要加强。对于绿色创新的研究，能不断提高工作人员的综合素养，让工作人员能够主动进行创新，从而培养高质量的人才。第二，坚持公共利益的维护。要想充分调动人们参与的积极性和主动性，坚持正确的舆论导向，就要大公无私，不能为企业或者个人谋取私利，这样也能够更好地传播绿色文化，让人们参与进来。如今有很多电台、电视节目中实现了绿色创新，在电视节目中融入这样的内容，如“绿色空间”（CCTV）、“绿色家庭”（湖南卫视）、“绿色英雄”（天津）等，在这些节目的基础之上，进一步增加绿色创新项目，提高节目的质量，也能够在产品上更具有优势，具有较大的影响力，充分发挥媒体的传媒价值。第三，充分发挥多方力量的功能，更好地推动企业绿色创新。大众传媒与非政府组织的联盟可以弥补大众传媒对知识产权的保护，还能为社会力量的理念传播提供必要的途径，将大众传媒和社会力量相融合，能够更好地进行绿色创新。第四，发挥媒体价值，尤其是媒体在如今舆论引导上的重要影响力。这种媒体形式的出现，让如今的信息传播更加自由，也更加方便，人们可以实现实时的沟通交流，可以将自身提出的信息在平台中加以展示，也可以实现传播内容上的创新，不断丰富传播内容，也能够吸引更多的人参与其中，实现绿色创新。

（3）培育服务绿色创新的科技中介组织。中介组织是绿色创新过程中的催化剂。它可以把科学技术成果在知识创造和客户之间进行转移，通过沟通和交流能为消费者的消费提供必要的途径，它是连接企业和市场的重要纽带，也是将科研成果进行市场化转化的重要途径。它为企业和市场提供必要的科技信息服务，是一种将科技成果进行转化的组织结构，可以从事信息咨询、培训、科技创新、成果转让等多方面的工作，了解在如今的市场背景下企业的生存发展状况，也能够以专业的资格审核制度，进一步规范自身的行为，提高中介服务水平；充分实现中介机构在企业绿色创新过程中的重要价值，推广绿色技术，促进企业绿色创新的有效进行，更好地完善绿色创新体系。

4. 绿色科技创新文化的理念引导与推广

思想指引行动，思想的变化会引起实践方向的转变。传统意义上的技术创新大多注重创新的经济价值、追求经济效益，只是将技术创新和经济利润相结合，忽略在整个过程中绿色环境是否能够承载这一创新过程。简单来说，绿色创新就是在创新过程中注重保护绿色环境不遭到破坏，能实现经济的可持续发展，将经济效益和绿色效益统一起来，这样就能保证在经济发展的同时，它周围的绿色环境不会被破坏，不会影响人们的日常生产生活。

（1）把绿色消费观念融入生活。如今绿色消费已成为一种流行的消费方式。概括地说，它就是在消费的过程中，实现自身和自然、社会经济绿色等方面的和谐相处，是人类文明进步的表现，也包括对绿色产品的购买，以及物质的循环利用，节约能源，避免造成浪费。在以前的消费中，人们有这样一种思想，就是自己花钱购买的东西，想怎样就怎样，无论怎样，别人管不着。尽管是你花钱买的，商品是你的，但是资源却是大家的，如果人们没有节制地疯狂消费，那么最终会导致严重的浪费，以及地球上的资源枯竭。疯狂消费对于经济社会的可持续发展有极为重要的负面影响，而且在如今的生活条件下，人们为了提高自身的生活质量，改变消费行为。人们需要不断调整自己生活的消费理念，进行适度的消费，形成绿色消费价值观，满足人们的基本生存发展需求即可。

教育家戴尔·卡耐基说过："如果你只想种几天，那就种花；如果你只想种几年，那就种树。如果你想让其活几千年，那就种植一些观念。"很多专家学者普遍认为，人们日常的休闲娱乐行为和文化是密不可分的，文化和娱乐两者紧密联系，在消费过程中也将商品和文化融入在一起，对各种产品的需求量大增，相应的审美消费也并不罕见。生日消费原本是在富裕阶层中的消费，现在已普及寻常百姓家。人们在日常生活和工作中应树立绿色消费的理念，在消费过程中不能影响周边的绿色环境，消费过程中应极为注重"绿色"，这是一种消费的先进理念。在绿色创新中，强调"绿色"的价值观和文明观，在传统的技术创新中，为了追求创新成果，人们经常会急功近利，往往想依靠改变和破坏自然来取得创新成果，但是这一创新行为却忽视了对于周边绿色环境的破坏也会影响企业的可持续发展。概括来说，绿色创新就是在创新过程中注重绿色环境的保护，将经济发展和绿色环境保护相结合，促进两者的均衡发展。在绿色消费过程中，消费者起着极为重要的作用，因此需要关注对消费者的引导，让消费者认识到绿色消费的重要性，同时宣传绿色产品，让一般的消费者能够正确识别绿色产品。引导消费者转变原来的消费方式，形成合理的消费习惯，杜绝消费行为，通过舆论引导，让消费者更加积极主动地参与到绿色消费中。

（2）营造创新的文化环境。文化对一个人的生存和发展非常重要，文化是人类力量的根本性体现。从企业发展的角度来看，创新文化是企业文化中的重要组成部分。以惠普公司在为例，惠普公司在短时间内就成为美国第二大计算机公司的原因就是它的创新文化，公司内部员工之间相互尊重和信任，同时在日常的工作中不断地进行创新。从惠普公司的发展经历我们可以看出，在当时的市场环境极为激烈的条件下，企业的生存都面临着危机。在这种情况下，保持企业的核心竞争力，才是企业生存的核心所在，打造优秀的创新文化，确保企业内部的自由和平等。创新文化是企业内部的精神食粮，再加上外部绩效的成果，促进企业开展创新活动，形成创新氛围，也能够确保创新活动的有效实施。在企业内部以创新的观念作为指引，同时让员工的思想和行为符合制度的要求。

创新本质上是一种创造性活动，不受外部因素的限制，而是让员工保持自由的工作空间，发挥他们的潜力，不断发展他们的才能。员工在创新活动的过程中会遇到很多困难，而创新动机总是能够支持整个过程。以精神为支柱，鼓励员工创新是社会发展的重要趋势。创新本身就是一个不断探索与发现的过程，从 0 到 1，会有不同的困难和障碍，但一旦通过这个困难，就会有很大的成功。创新在一开始是非常脆弱的。当遇到挫折时，文化环境会对创新活动的效果产生很大的影响。创造良好的文化环境可以提高创新的成功率，反之会使创新面临失败。我们应该支持创新，而不是愤世嫉俗创造自由公平的文化；更好地鼓励绿色创新，而不是阻碍绿色创新。当一个人生活在社会中，就会创造一个不同的环境，而不同的环境也会反过来影响个人，这是一个社会成功的重要因素。创造轻松和谐的文化环境对于创新的成功就像阳光和雨水对于树木一样重要。相比之下，一种严酷、刻薄、分裂、封闭的文化对创新的推动作用，就像风雨对树苗的摧残作用一样强大。因此，从文化的角度来看，政府部门需要为公共文化设施的建设提供必要的财政和人力资源支持。坚持以人民群众为中心的文化工程建设，做好群众性文化工作，在建设过程中不断提高文化吸引力。

（3）塑造绿色企业文化。企业的生存与发展是离不开文化的，它是体现企业凝聚力的关键之处，同时还是企业在技术创新中的灵魂。企业自身的产品、营销手段和企业文化决定着企业的核心竞争力，三者的重要性不容小觑。企业文化可以潜移默化地影响员工的思想和行为规范，使领导阶层和基层员工对待工作中遇到的困难能够知难而进，是领导和员工创业发展中不断努力进取的精神支柱，也是自身价值的重要体现。企业发展的软实力是企业文化，也是企业发展过程中吸引和团结员工的重要手段。企业文化可以为绿色创新提供动力，支持企业技术创新项目的进行，很大程度上可以提高项目的实施质量。企业文化的出现不是偶然的，同时企业文化也不是一成不变的。在企业生存和发展的不同背景下，企业文化可以随着企业内外环境的变化而不断完善，从而更好地服务于企业的发展。一个好的企业文化能使企业在生存和发展过程中实现人与自然之间的和谐，不能仅仅重视企业经济发展的好处，选择忽视保护周围的环境，在发展自己的同时破坏周围的绿色环境。社会与自然的统一企业文化的形成可以提高员工的工作质量，让员工互相学习，不断进步，为企业的发展提供必要的决策和道德支持，以及精神上的鼓励和舆论的引导。在企业内部，要重视员工的管理工作，特别强调突出在管理的过程中员工的主体地位，让员工更好地参与企业管理，增强员工的归属感，这样也可以使员工对企业更加忠诚和信任。同时，不断激发员工的创新能力，让员工在和谐的工作氛围中不断地进行技术创新，完成自己的责任要求。为员工提供更多的信任，也能充分发挥员工的潜在价值。

5. 崇尚法治，规范和完善法律保障制度

在绿色创新过程中，法律法规是重要的外部因素，是整个创新过程的重要支撑，在法律法规的帮助下，能够更好地保证技术创新和产权控制的发展过程，企业法律制度和市场法律制度能够保证绿色创新和绿色交易行为的有效持续实施，规范各类市场主体行为。

（1）完善产权法律制度。产权法律制度可以确定产权之间的关系，使得产权更加明确，也可以确定投资者合法人在产权上的归属。在确定权利的同时，也明确了责任的划分，确保企业的正常运转。为了进一步确保产权清晰，有必要建立良好的市场制度，不断完善相关的产权法律法规，做好外部的发展工作。因此有必要确定产权规则，建立相关的产权制度，将产权进行制度化处理，对影响他人财产权利和违反产权制度的行为，按照相关规定进行一定的处罚，以确保产权法律制度的权威性和有效性。产权法律制度的存在不仅可以明确企业在发展过程中的产权，还可以避免产权所有人在产权使用和交换过程中出现损失，同时还能够确保产权所有人在各方面的权利，使得产权相关者参与到企业工作中的积极性更高。

（2）完善公司法律制度。对于企业来说，它们必须重视自身的绿色创新，并且在这一过程中要注重不断的自我创新，在自我超越的基础上，不断产生新的科学技术成果，并将创新成果转化成具体的创新产品，同时进行市场化的销售，这样才能够将创新成果转化成为市场经济效益，提高企业利润，实现绿色创新的价值。在绿色创新过程中，企业需要不断地进行自我研发，同时将创新成果转化成为产品，在市场中投入，才能够将绿色创新成果转化成为企业的经济效益，实现创新的价值。企业实施的绿色创新项目要求企业在研发过程中投入较多的成本和专业的人力物力，同时也需要承担较高的风险。因此在这一过程中，如果没有外部制度保障，很有可能导致企业创新仅仅是对于已有产品的一些模仿，进而这种不良现象会迅速扩张，并将影响其他企业的合法效益，这不仅仅会对企业在研发过程中的成本投入产生影响，还会影响企业自身的生存和发展。如果其他模仿者随意地模仿创新成果就能够成功，那么对于企业来说，将大量资源和精力投入创新中就成为一个笑话。因此要不断地完善相关的法律制度，保护企业的专利，避免企业专利受其他不法分子恶意模仿的影响。如果模仿很容易成功，那么很多企业都不会在技术创新上投入较少的成本，甚至是完全不投入，只靠投机取巧就能增强自身的经济利润。如果不注重知识产权的保护，那么不劳而获也就成为一种常态，这就形成恶性循环，进而影响科学技术的进步与发展。

（3）完善市场法制。如今，市场是与政府和企业密不可分的外部环境，将技术创新成果应用于市场中也是创新不可或缺的一部分。只有将创新成果转化成为产品，在市场中投入，才能够将绿色创新成果转化成为企业的经济效益，实现创新的价值，企业才能够回收成本，创造利润，进而激发企业创新的积极性。对于企业绿色创新来说，它可以通过持续的技术创新来减少其不确定性，同时企业也要考虑消费者的个性化需求，设定不同的创新方向，满足消费者的需求，进而提高绿色技术的产业化发展。市场法律制度可以避免市场环境受其他不利因素的影响，同时营造良好的市场环境，进而确保高质量技术创新的实现，提高创新产品的价值，使企业可以做出更广泛的选择，并将不同的创新模式与不同的市场需求相结合，选择更有价值的产品，进一步提升行业的竞争力。

总而言之，对于企业来说，绿色创新是一个较为复杂的过程，需要多个环节的不懈努力，并且每一个环节都需要有外部的法律保护。因此需要制定相关的法律法规，可以使技术创新各个方面的内容更为明确，同时还可以借助多种技术手段来不断地优化市场竞争。

参考文献

[1] Aldrich H E, Ruef M. Organisauons Eving [M]. Sage Publications, 2006.

[2] Amores-Salvado. Green Corporate Image: Moderating the Connection between Environmental Production Innovation and Firm Performance [J]. Journal of Cleaner Production, 2014, 83 (15): 356 -365.

[3] Beck U, Lange R, Neumann H-G. Micro-plasma Textured Ti-implant Surfaces [J]. Biomolecular Engineering, 2006, 24 (1): 47 -51.

[4] Barney J B. Firm Resuurcesand Sustained Competitive Advantage [J]. Journal of Management, 1991 (17): 99 -120.

[5] Barney J B. Strategic Facxor Markers: Expectations, Luck, and Business Strategy [J]. Management Science, 1986, 32 (10): 1231 -1241.

[6] Brunsson N. The Irrational Organisation [M]. New York, John Wiley, 1985.

[7] Burr W. Innovationen in Organisationen [M]. Kohlhammer Verlag, 2004.

[8] Bengt-Ake Lundvall. National Systms of Innovation: Towards a theory of Innovation and Interactive Learning [M]. Pinter Publishers, 1992.

[9] Chen Y S, Lai S B, Wen C T. The Influence of Green Innovation Performance on Corporate Advantage in Taiwan [J]. Journal of Business Ethics, 2006, 64 (4): 331 -339.

[10] D' aveni R A. Hyperwettbewerb: Suategien fur die neue Dynamik der Mitrkte [M]. Campus Verlag, 1995.

[11] Dierickx L, Cool K. Asset Srock Accumulation Advantage [J]. Management Science, 1989, 35 (12): 1504 -1511.

[12] Duschek S. Kooperative Kernkomperenzen-Zum Management einzigartiger Netzwerkressourcen [J]. Zeitschrift Fuhrung and Organisation, 1998, 39 (4): 357 -371.

[13] Duschek S, Syduw J. Ressourcenorientierte Ansatze des Strategischen Managements: Zwei Perspektivenauf Unternehmungskooperation [J]. Wirtschaftswissenschaftliches Studium, 2002 (8): 53 -73.

[14] Dyer J H, Singh H. The Relational View: Cooperative Strategy and Sources of Inter-organisational Competitive Advantage [J]. Academy of Management Review, 1998, 23 (4): 660 -679.

[15] Dietrich von der Oelsnitz, Graf A. Inhalt und Aufbau interorganisationaler Kooperationskompetenz—Eine Konstruktbestimmung [M]. Management von Kompetenz, 2006.

[16] Dyer J H, Singh H, KaIe P. Splitting the Pie: Rent Distribution in Alliances and Networks [J]. Managerial and Decision Economics, 2008 (29): 137 -148.

[17] Eisenhard K M, Santos F M. Knowledge-Based View: A New Theory of Strategy? [M]. Handbook of Strategy & Managemetnt, 2002.

[18] Foss N T, Knudsen T. The Resource-Based Tangle: Towards A Sustainable Explanation of Competitive Advantage [J]. Management and Decision Economics, 2003, 24 (4): 291 -307.

[19] Foster J. Competitive Selection, Self-Organization and Joseph A [J]. Schumpeter, 2000 (10): 311 -328.

[20] Freeman C. Technolgy Policy and Economic Performance: Lessons from Japan [M]. London: Pinter, 1987 .

[21] Gulati R. Alliances and Networks [J]. Strategic Management Journal , 1998 (4): 293 -317.

[22] Hambrick D C, Mason P A. The Organization as a Reflection of Its Top Managers [J]. Academy of Management Review, 1984 (1): 193 -206.

[23] Herrmann-Pillath C. Grundriss der Evolutionsokonomik [M]. Munchen Wilhelm Fink Verlag, 2002.

[24] Hodgson G M. The Evolution of Institutional Economics: Agency, Structure and Darwinism in American Institutionalism [M]. London New York, Routledge, 2004.

[25] Horbach J. Determinants of Environmental Innovation-New Evidence from German Panel Data Sources [J]. Research Policy, 2008, 37 (1): 163 -173.

[26] Huang Y. An Empirical Test of the Relationship of Environmental Management and Stakeholders: Astudy of Manufacturers at Taiwan [J]. Asia Pacific Management Review, 2005, 10 (1): 5 -16.

[27] Jaffe Palmer. Environmental Regulation and Innovation: A

Panel Date Study [J]. Review of Economics and Statistics, 1933, 4 (79): 610 - 619.

[28] Hojnik J, Ruzzier M. What Drives Eco-innovation? A Review of an Emerging Literature [J]. Journal & books, 2016, 35 (19): 31 - 41.

[29] Mahoney J T, J. Rajendran Pandian. The Resource-Based View Within the Conversation of Strategic Management [J]. Strategic Management Journal, 1992, 13 (5): 363 - 380.

[30] Lee J L. Common Method Bias in Behavioral Research: A Critical Review of the Literature and Recommenden Remedies [J]. Appl Psychol, 2013, 88 (5): 879 - 903.

[31] Porter M E. The Competitive Advantage of Nations [M]. Free Press, 1990.

[32] Nelson. An Evolutionary Throry of Economic Change [J]. Administrative Science Quarterly, 1982, 32 (2): 80 - 90.

[33] Pelletier N. Environmental Sustainability as the First Principle of Distributive Justice: Towards an Ecological Communitarian Normative Foundation for Ecological Economics [J]. Ecological Economics, 2010, 69 (10): 1887 - 1894.

[34] Nelson R R. Why Do Firms Differ, and How Does it Matter? [J]. Strategic Management Journal, 1991, 12 (7): 61 - 74.

[35] Porter M E, der Linde C. Toward a New Conception of the Environment Competitiveness Relationship [J]. Journal of Economic Perspectives, 1995, 9 (4): 97 - 118.

[36] Pujari Eco-innovation and New Product Development: Understanding the Influence on Market Performance [J]. Technova-

tion, 2006, 26 (1): 76 - 85.

[37] Peteraf M A. The Cornerstones of Competitive Advantage: A Resource-Based View [J]. Strategic Management Journal, 2010, 14 (3): 179 - 191.

[38] Peitz U. Struktur and Entwicklung von Beziehungen in Unternehmensnetzwerken [M]. Wiesbaden, 2002.

[39] Carson R. Silent Spring [M]. Penguin Classics, 2000.

[40] Nelson R R. National Innovation Systems: A Comparative Analysis [M]. Oxford University Press, 1993.

[41] Ramanathan. An Empirical Examination of Stakeholder Pressures, Green Operations Practices and Environmental Performance [J]. International Journal of Production Research, 2015, 24 (77): 639 - 656.

[42] Renning K. Redefining Innovation Eco-innovation Research and the Contribution from Ecological Economics [J]. Ecological Economics, 2000, 32 (2): 319 - 332.

[43] Nelson R R, Sidney G. Winter. The Schumpeterian Tradeoff Revisited [J]. American Economic Review, 1982, 72 (1): 114 - 132.

[44] Rumelt R P. Towards Management: A Strategic Theory of the Firm [M]. Competitive Englewood Cliffs, 1984.

[45] Richerson P J , Bettinger R L , Boyd R . Evolution on a Restless Planet: Were Environmental Variability and Environmental Change Major Drivers of Human Evolution? [M]. Wiley-VCH Verlag GmbH, 2008.

[46] Rumelt R P. Towards Management. A Strategic Theory of the Firm [M]. Competitive Englewood Cliffs, 1984.

[47] Robson, M J. Partner Selection in Successful International Strategic Alliances: The Role of Co-operation [J]. Journal of General Management, 2002, 28 (1): 1-15.

[48] Rumelt R P. Theory, Strategy, and Entrepreneurship [M]. Handbook of Entrepreneurship Research, 2005.

[49] Schiederig T, Tietze F, Herstatt C. Green Innovation in Technology and Innovation Management—An Exploratory Literature Review [J]. R&D Management, 2012, 42 (2): 180-192.

[50] Schuh G, Friedli T, Kurr M A. Kooperations Management [M]. Munchen: Hanser Verlag, 2005.

[51] Sharma S. Managerial Interpretations and Organizational Content as Predictors of Corporate Choice of Environmental Strategy [J]. Academy of Management Journal, 2000, 43 (4): 681-697.

[52] Simonin B L. The Importance of Collaborative Know-how: An Empirical Test of the Learning Organization [J]. Academy of Management Journal, 1997, 40 (5): 1150-1174.

[53] Srholec M, Verspagen B. The Voyage of the Beagle into Innovation: Explorations on Heterogeneity, Selection, and Sectors [J]. Industrial and Corporate Change, 2012, 21 (5): 1221-1253.

[54] Sidney G. Winter Optimization and Evolution in the Theory of the Firm [J]. Adaptive Economic Models, 1975, 4 (1): 73-118.

[55] Sitkin S B. Learning Through Failure: The Strategy of Small Losses [M] //Staw B, Cummings L L. (eds.). Research in Organisational Behaviour. JAI Press, 1992.

[56] Watts D J, Strogatz S H. Collective Dynamics of "Small-

world" Networks [J]. Nature, 1998, 393 (4): 440 -442.

[57] Tsai W. Social Capital, Strategic Relatedness and the Formation of Intraorganisational Linkages [J]. Strategic Management Journal, 2000, 12 (9): 925 -939.

[58] Witt U. "Darwinian Revolution" in Economics? [J]. Journal of Institutional and Theoretical Economics, 1996, 152 (4): 707 -715.

[59] Ye F, Zhao F, Prahinski C, et al. The Impact of Institutional Pressures, Top Managers' Posture and Reverse Logistics Economics, on Performance-Evidence from China [J]. International Journal of Production, 2013, 143 (1): 132 -143.

[60] Zaheer A, Mcevily B, Perrone V. Does Trust Matter? Exploring the Effects of Interorganisational and Interpersonal Trust on Performance [J]. Organisation Science, 1998 (4): 144 -159.

[61] 圣西门选集（第二卷）[M]. 董果良译. 商务印书馆, 1982.

[62] 白春礼. 科技支撑我国生态文明建设的探索、实践与思考 [J]. 中国科学院院刊, 2013, 28 (2): 125 -131.

[63] 巴里·康芒那. 封闭的循环——自然、人和技术[M]. 侯文慧译. 吉林人民出版社, 1997.

[64] 毕克新, 付珊娜, 田莹莹. 低碳背景下我国制造业绿色创新系统演化过程: 创新系统功能视角 [J]. 科技进步与对策, 2016 (19): 61 -68.

[65] 成金华, 陈军, 易杏花. 矿区生态文明评价指标体系研究 [J]. 中国人口·资源与环境, 2013, 23 (2): 1 -10.

[66] 蔡守秋. 调整论: 对主流法理学的反思和补充 [M].

高等教育出版社，2003.

［67］陈学明．生态文明论［M］．重庆出版社，2008.

［68］曹凤中．国外环境保护的经济鼓励及优惠政策［J］．国外环境科学技术，1991（3）：1－4.

［69］崔常发，童哲．治国理政镜鉴［M］．东方出版社，2013.

［70］程琦．国外科技中介组织现行管理模式及启示［J］．科技创业月刊，2009（7）：71.

［71］党的十九大报告学习辅导百问［M］．党建读物出版社、学习出版社，2017.

［72］董炳艳，靳乐山．中国绿色技术创新研究进展初探［J］．科技管理研究，2005，25（2）：62－64．

［73］弗·卡普拉，查·斯普雷纳克．绿色政治——全球的希望［M］．东方出版社，1988.

［74］方锡良．现代性批判视域中的马克思自然观研究［M］．上海人民出版社，2014．

［75］菲利普·克莱顿，贾斯廷·海因泽克．有机马克思主义：生态灾难与资本主义的替代选择［M］．孟献丽，于桂凤，张丽霞译．人民出版社，2015.

［76］凡勃伦．有闲阶级论（中译本）［M］．商务印馆，1964.

［77］宫敬才．生态危机的现实性及其原因［J］．社会科学论坛，2008（8）：13.

［78］汉斯·萨克塞．生态哲学［M］．东方出版社，1991.

［79］海德格尔．海德格尔选集（下）［M］．上海三联书店，1996.

［80］郇庆治．社会主义生态文明观与“绿水青山就是金山银山”［J］．学习论坛，2016，32（5）：42－45.

［81］韩光宇，方江山．研究式学习的结晶［M］．人民出版社，2010．

［82］杰里米·里夫金．第三次工业革命［M］．中信出版社，2012.

［83］贾卫列，杨永岗，朱明双等．生态文明建设概论［M］．中央编译出版社，2013.

［84］贾瑞跃，魏玖长，赵定涛．环境规制和生产技术进步：基于规制工具视角的实证分析［J］．中国科学技术大学学报，2013，43（3）：217－222.

［85］剧宇宏．对政府绿色采购法律制度的探讨——基于绿色经济发展视角［J］．经济问题，2010（7）：35－47.

［86］金乐琴，刘瑞．低碳经济与中国经济发展模式转型［J］．经济问题探索，2009（1）：84－87.

［87］卡尔·雅斯贝斯．时代的精神状况［M］．上海译文出版社，1997.

［88］康芒斯．制度经济学（上册）［M］．商务印书馆，1962.

［89］柯武刚，史漫飞．制度经济学［M］．商务印书馆，2000.

［90］科斯等．财产权利与制度变迁［M］．上海三联书店，1994.

［91］蕾切尔·卡逊著．寂静的春天［M］．吉林人民出版社，1997.

［92］刘春香，张智光．绿色科技与生态文明：供应链维的

驱动与支撑机理［J］．中国科技论坛，2016（10）：122－126.

［93］林兵．环境社会学理论与方法［M］．中国社会科学出版社，2012.

［94］罗豪才，宋功德．和谐社会的公法建构［J］．中国法学，2004（6）：8.

［95］鲁世平．论生态文明及其法律制度保障［J］．政法学刊，2001（1）：4.

［96］威廉·福格特．生存之路［M］．商务印书馆，1981.

［97］李红卫．生态文明——人类文明发展的必由之路［J］．社会主义研究，2004（6）：114－116.

［98］廖才茂．论生态文明的基本特征［J］．当代财经，2004（9）：10－14.

［99］刘思华．生态马克思主义经济学原理［M］．人民出版社，2006.

［100］郎廷建．马克思、恩格斯的生态文明思想［J］．上海财经大学学报，2015（5）：74－78.

［101］刘湘溶等．我国生态文明发展战略研究［M］．人民出版社，2013.

［102］刘铮．中国特色社会主义的生态文明理论内涵与价值意蕴［J］．毛泽东邓小平理论研究，2014（5）：60－65＋91－92.

［103］吕忠梅．习近平新时代中国特色社会主义生态法治思想研究［J］．江汉论坛，2018（1）：18－23.

［104］陆炜炜，方齐．协同创新模式、关系紧密度与高企共建研究中心协同创新绩效的关系研究［J］．经营与管理，2018（1）：108－113.

［105］林春艳，孔凡超．中国产业结构高度化的空间关联效应分析——基于社会网络分析方法［J］．经济学家，2016（11）：45－53.

［106］李胜，陈晓春．低碳经济：内涵体系与政策创新［J］．科技管理研究，2009，29（10）：41－44.

［107］林学军．基于三重螺旋创新理论模型的创新体系研究［D］暨南大学，2010.

［108］李璐．国外生态治理体系的建构模式探析［J］．国家治理，2017（27）：37－48.

［109］李秀香．贸易与环境［M］．东北财经大学出版社，2015.

［110］卢现祥．新制度经济学［M］．武汉大学出版社，2004.

［111］李冰强，侯玉花．循环经济视野下的企业环境责任研究［M］．中国社会出版社，2011.

［112］刘芳．中国民间环保组织［M］．安徽文艺出版社，2012．

［113］马克思，恩格斯．马克思恩格斯选集（第1卷）［M］．中共中央马克思恩格斯列宁斯大林著作编译局编译．人民出版社，1995．

［114］马克思，恩格斯．马克思恩格斯选集（第3卷）［M］．中共中央马克思恩格斯列宁斯大林著作编译局编译．人民出版社，1995．

［115］马克思，恩格斯．马克思恩格斯选集（第4卷）［M］．中共中央马克思恩格斯列宁斯大林著作编译局编译．人民出版社，1995．

[116] 马克思，恩格斯．马克思恩格斯选集（第 25 卷）[M]．中共中央马克思恩格斯列宁斯大林著作编译局编译．人民出版社，1995．

[117] 马克思．1844 年经济学哲学手稿 [M]．中共中央马克思恩格斯列宁斯大林著作编译局编译．人民出版社，2002.

[118] 毛胜．"绿水青山就是金山银山"——学习习近平关于经济发展与环境保护的重要论述 [J]．邓小平研究，2017 (3)：24－33.

[119] 诺斯．制度、制度变迁与经济绩效（中译本）．[M]．刘守英译，上海三联书店，1994.

[120] 诺斯．经济史中的结构与变迁（商务印书馆中译本）四 [M]．上海三联书店，1994.

[121] 潘家华．持续发展途径的经济学分析 [M]．社会科学文献出版社，1993.

[122] 齐鹏．滨州市高效生态农业科技支撑问题研究 [J]．北京农业职业学院学报，2010 (6)：20－24.

[123] 秦颖，雷家骕．企业自主创新研究的案例选择与创新模式比较 [J]．经济管理，2009，31 (7)：53－58.

[124] 乾侑．日本科技政策 [M]．葛化东译，科学技术文献出版社，1987.

[125] 任凤珍，张红保，焦跃辉．环境教育与环境权论 [M]．地质出版社，2010.

[126] 沈满洪，程华，陆根尧．生态文明建设与区域经济协调发展战略研究 [M]．科学出版社，2012.

[127] 萨拉·萨卡．生态社会主义还是生态资本主义 [M]．张淑兰译，山东大学出版社，2012．

［128］孙遇春，常西银．跨国污染转移问题研究——基于“生态侵略论”的思考［J］．现代经济探讨，2016（9）：68－72.

［129］唐隆华．县域生态文明建设中的科技支撑研究［D］．成都理工大学，2014.

［130］特德·本顿．生态马克思主义［M］．曹荣湘，李继龙译．社会科学文献出版社，2013.

［131］特德·本顿．马克思主义与自然的限制：一种生态学批评与重建［M］．曹荣湘，李继龙译．社会科学文献出版社，2013.

［132］陶火生．马克思生态思想研究［M］．学习出版社，2013.

［133］王树恩，陈士俊．人类与环境［M］．天津大学出版社，2002.

［134］武志里．法与生态文明［J］．法制与社会，2011（7）：10.

［135］王舒．生态文明建设概论［M］．清华大学出版社，2014.

［136］王雨辰，陈富国．习近平的生态文明思想及其重要意义［J］．武汉大学学报（人文科学版），2017，70（4）：48－55.

［137］王小宁，周晓唯．西部地区环境规制与技术创新——基于环境规制工具视角的分析［J］．技术经济与管理研究，2014（5）：114－118.

［138］王泉清．日本的科技为什么崛起［M］．气象出版社，1995.

［139］伍正兴．大众传媒科技传播能力建设研究［D］．合肥工业大学马克思主义学院，2012.

［140］威尔伯·施拉姆，威廉·波特．传播学概论［M］．新华出版社，1984．

［141］肖显静，彭新宇，蒋高明，骆世明，章家恩，王兵．科技如何促进我国生态文明建设［J］．中国科技论坛，2008（2）：3－8．

［142］解振华，冯之浚．生态文明与生态自觉［M］．浙江教育出版社，2013．

［143］徐肖龄．环境伦理学进展：评论与阐释［M］．社会科学文献出版社，1999．

［144］徐进亮，袁婷婷，常亮．北京市政府绿色采购促进科技成果转化的实证［J］．中国人口·资源与环境，2014，24（11）：55－62．

［145］项保华，许庆瑞．试论制订技术创新政策的理论基础［J］．数量经济技术经济研究，1989（7）：52－55．

［146］徐盈之，杨英超，郭进．环境规制对碳减排的作用路径及效应——基于中国省级数据的实证分析［J］．科学学与科学技术管理，2015，36（10）：135－146．

［147］尹希成．全球问题与中国［M］．湖北教育出版社，2011．

［148］约翰·贝拉米·倡斯特．生态危机与资本主义［M］．上海译文出版社，2006．

［149］杨帆．生态文明视野下的中国城市化发展研究［M］．西南财经大学出版社，2013．

［150］杨友麒，石磊．绿色过程系统工程［J］．华北电力大学学报（自然科学版），2003（5）：10－12．

［151］约·贝·福斯特．生态革命：与地球和平相处［M］．

刘仁胜，李晶，董慧译．人民出版社，2015．

［152］约翰·贝拉米·福斯特．马克思的生态学：唯物主义与自然［M］．刘仁胜，肖峰译．高等教育出版社，2006.

［153］于晓雷．实现中国梦的生态环境保障：中国特色社会主义生态文明建设［M］．红旗出版社，2014.

［154］余谋昌．生态文明论［M］．中央编译出版社，2010.

［155］约瑟夫·熊彼特．经济发展理论［M］．何畏等译．商务印书馆，1990．

［156］原毅军，刘柳．环境规制与经济增长：基于经济型规制分类的研究［J］．经济评论，2013（1）：27－33.

［157］杨发庭．绿色技术创新的制度研究［D］．中共中央党校，2014．

［158］周志太．提高科学技术对生态文明的支撑能力——从新的视角解析十八大提出的“生态文明建设”［J］．南京理工大学学报（社会科学版），2013（1）：36－43.

［159］朱清时．绿色化学的进展［J］．大学化学，1997（6）：7－12.

［160］曾庭英，宋心琦．“绿色”汽车研制与化学［J］．化工时刊，1995（7）：9－15.

［161］赵建军．追问技术悲观主义［M］．东北大学出版社，2001.

［162］詹姆斯·奥康纳．自然的理由：生态学马克思主义研究［M］．唐正东，臧佩洪译．南京大学出版社，2003.

［163］中国大百科全书·环境科学编委会．中国大百科全书：环境科学［M］．中国大百科全书出版社，2002.

［164］中共中央文献研究室．十七大以来重要文献选编

（上）［M］．中央文献出版社，2009．

［165］中国梦与中国道路丛书课题组．中国特色社会主义生态文明建设道路［M］．中央文献出版社，2013．

［166］周开国，卢允之，杨海生．融资约束、创新能力与企业协同创新［J］．经济研究，2017，52（7）：94－108．

［167］张江雪，蔡宁，杨陈．环境规制对中国工业绿色增长指数的影响［J］．中国人口·资源与环境，2015，25（1）：24－31．

［168］赵玉民，朱方明，贺立龙．环境规制的界定、分类与演进研究［J］．中国人口·资源与环境，2009，19（6）：85－90．

［169］郑超豪．基于产品绿色效用差异的绿色供应链政府补贴政策博弈分析［J］．物流技术，2014，33（9）：83－92．

［170］植草益．微观规制经济学（中译本）［M］．中国发展出版社，1992．

［171］中共中央文献研究室．十八大以来重要文献选编（上）［M］．中央文献出版社，2014．

［172］张宇燕．经济发展与制度选择：对制度的经济分析［M］．中国人民大学出版社，1992．